강화도

나를 채우는 섬 인문학

노승대 · 김성환 · 강영경 외 12인 엮음

나를 채우는 섬 인문학

강화도

우리 역사 속에 등장하는 강화는 치유될 수 없는 절망과 포기할 수 없는 희망이 교차하는 공간이었다. 무수한 사람들의 이야기가 별처럼 명멸했으며, 기나긴 시간의 흐름과 함께 쌓이고 쌓인 이야기들이 바다가 되어 넘실거리는 곳이다.

강화는 반만년 역사 속에 주연이나 조연으로 민족의 역사에 등장했다. 일찍이 단군은 참성단을 지어 하늘에 제를 올렸고, 그의 세 아들은 삼랑성(정족산성)을 쌓았다. 고려의 대몽항쟁, 조선시대의 병인양요와 신미양요 등 외침의 아픔을 온몸으로 견딘 곳도 강화였다. 버려지듯 유배지로 쓰였다가 한 나라의 수도로 그 역할을 다하기도 했다. 민족의 역사라는 큰 물줄기 속에서 강화는 더 이상 섬이 아니다. 민족 역사의 집약체다.

> "천도(遷都)란 예부터 하늘 오르기만큼 어려운 건데
>   공 굴리듯 하루아침에 옮겨왔네.
>   청하(清河)의 계획 그토록 서둘지 않았더라면
>   삼한은 벌써 오랑캐 땅 되었으리."

고려의 천재 문장가 이규보는 고려왕조의 천도를 『동국이상국집』에서 이렇게 읊었다. 급작스럽게 이루어진 강화로의 천도, 수도 이전이었다. 이 시기 강화는 강도(江都)라 불렸다. 강화로 옮긴 고려왕조는 개경을 본떠 궁궐을 지었고 나라의 의례를 치르던 사찰을 건립했다. 덩달아 삶의 터전을 옮긴 고려 사람들도 제각각 집을 짓고, 논밭을 일구며, 생을 이어갔다. 그 한복판에서 '강도 불교'도 시작됐다.

육지는 전쟁터였다. 김윤후 스님이 처인성에서 몽골 장군 살리타이를 죽이기도 했지만, 승리의 안도는 잠시뿐. 경주 황룡사가 불탔으며, 부인사에 보관돼 있던 초조대장경 목판이 불탔다. 백성들은 앞날을 상상하기를 멈췄다.

> "굶주린 도적들이 부질없이 설치는데
> 우리 임금님 오로지 부처님 힘만 믿으시네.
> 저 범패 소리 용의 울부짖음과 같게 한다면
> 어찌 오랑캐가 사슴 달아나듯 하지 않으랴."

부처님 위신력에 기대는 길만이 고려인들의 유일한 방책이었을까? 강화 곳곳에 절을 짓고 기도했으며, 대장경을 다시 만들었다. 단군이 제사를 올렸던 참성단에서는 왕이 향을 올리고 제사를 올렸다. 강화에 머물렀던 일연 스님은 환도 직후 『삼국유사』를 기록했으며, 이승휴는 『제왕운기』를 남겼다. 38년간의 강도시대. 강화에는 고려의 흔적이 남겨졌고, 강화는 고려인의 정체성을 다시 구성했다.

그렇게 강화는 우리의 역사를 온몸에 새기며 삶을 이어왔다. 단군이 하늘에 제사를 지냈고, 천주(天主)가 처음 찾은 섬이었으며, 전쟁의 흔적은 유산이 됐다. 이 터전에서 강화는 앞날을 상상하기 시작했다.

『강화도』에는 강화를 무대로 삶을 이어갔던 풍요로운 이야기들을 하늘(天), 땅(地), 사람(人), 마음(心) 등 4개의 길에 담았다. 인간·역사·문화에서 추출한 차갑고 객관적인 정보들의 집합체가 아닌, 인간·역사·문화의 영역에서 펼쳐진 뜨겁고 인간적인 서사의 집합체로서 강화의 시공간에 접근했다. 역사의 바다를 건너온 오늘의 강화는 지금을 살아가는 우리에게 어떤 메시지를 전하고 있을까? 하늘에 기대어 땅에 길을 만들고 사람과 사람을 이으며 그들의 마음을 보듬어 온 강화에서 나를 채워본다.

차

례

나를 채우는 섬 인문학 강화도

9

차
례

반도의 중심, 강화의 중심

오랜 세월을 함께하다.

고려산 낙맥이 뚝 떨어져
이 자리가 제일 명당, 장수봉이 비쳤으니
승승장구 이 자리요,

문필봉이 비쳤으니
문화유적 풍부하다. 이 자리에 성터 잡아
성터지경을 다져보세.

반도와 강화의 중심
전등사

글·사진. 유동영(사진작가)

대웅전을 비롯한 국가 보물 6개 외에도
지역 문화재 11개와 문화유적 2곳 등을 품고 있으며,
20여 분만 오르면 겨레의 영산 마니산이 보이고
멀리 동쪽으로는 북한산 삼각산까지 또렷하게
볼 수 있는 곳. 절을 지키기 위해 아담한 산성이
포근하게 감싸고 있고 은행나무와 소나무, 느티나무 등
보호수들이 즐비한 곳.
무엇보다 그 안에서 오랜 역사를 이으며 새 문화를
만들어 나가는 스님들이 산림을 이뤄 조화로운 곳, 전등사.

대웅전을 뺀 다른 전각의 불보살님들께는 어간문을 열고 도량석을 알렸다.

대웅전의 네 귀퉁이 공포에는 이른바 나부상이라 불리는 서로 다른 모양의 목조조각상이 놓여 있다.
전등사 대웅전 나부상 이야기는 두 말이 필요 없을 정도로 널리 알려져 있다. 어느 때인가는 TV 인기
프로그램이었던 〈전설의 고향〉에 이야기가 방영되면서, 전등사는 전국 각지에서 나부상을 보기 위해 찾아드는
사람들로 문전성시를 이뤘다. 매일매일 대형 버스들이 줄을 섰다고 한다. 하지만 연구자들은 이 같은 이야기는
1970년대 이후에 말을 만들기 좋아하는 이들이 지어낸 것이고, 네 곳의 조각상은 법을 수호하고
부정한 것을 쫓는 '야차'라고 잘라 말한다. 법주사 팔상전의 층마다 전등사와 비슷한 조각상이 놓여 있다.

야차는 전등사의 수많은 보물 가운데 이제 겨우 하나에 불과하다. 포를 받치고 있는 아름드리 기둥의 용 비늘 같은 패턴, 안으로 부처님과 닫집·수미단·천장의 용과 물고기 등 숱한 볼거리가 있다. 마당엔 수령이 수백 년인 단풍나무와 느티나무 등이 우람하게 서 있다. 절 안의 모든 소나무는 잘 가꿔져 하나하나 자신만의 멋을 뽐낸다. 오랜 역사를 품은 전각과 도량에 걸맞게 새로운 역사를 만들어 가는 현대 전각도 있다. 무설전 부처님은 석굴암 부처님을 본떴으나 오히려 위엄 있고, 전통적 도상에 서양의 프레스코 기법을 쓴 후불탱은 편안하고 질감이 있다. 이 모든 것의 중심에는 1,600여 년을 꿋꿋하게 이어 온 스님들이 있다.

전날의 비는 인구 천만의 서울을 거대한 수조로 만들어 버렸다. 차를 위한 도로는 물이 흐르기 쉬운
수로이기도 했다. 삼거리 이상의 교차로에는 길의 크기에 따라 물의 양도 많아졌다. 팔순을 넘긴 토박이도
이런 비는 처음이라고 했다. 길이 담지 못한 물은 집으로 넘치며 세간살이로 파고들었다. 지하 셋방에 살던
이들은 차오르는 빗물을 보며 절규했다. 운 좋은 몇몇은 동네 사람들의 도움으로 빠져나올 수 있었으나,
큰소리조차 제대로 내지 못하는 어떤 이들은 끝내 빠져나오지 못했다.

전등사를 호위하는 삼랑성의 남문과 동문 사이 그리고 정족산 정상 부근과 도량 몇몇 곳에서 멀리 북한산
삼각산과 영종도를 볼 수 있다. 큰비가 내린 뒤의 햇빛은 유난히 강하고 대기는 선명하다. 구름은 맑고 크다.
큰비를 뿌리고 물러나는 구름과 새 아침의 어린 해가 만날 때는 더 그렇다. 삼각산 위로 막 어린 햇살이 비출
무렵 남쪽으로 향하던 어제의 비구름이 작별 인사를 하듯, 서울 어느 곳에 소나기를 뿌렸다. 햇살을 받은
소나기는 춤추듯 너울거리며 쏟아졌다. 그 모습이 마치 지하에 갇혔던 사람들이 하늘로 오르는 듯 보였다.

밤새 내린 비는 전등사의 가파른 길에 골을 남겼다. 길은 밭고랑처럼 깊게 파였다. 일과를 시작하기 전, 마사토를 실은 트럭이 바쁘게 움직이고 그 뒤를 몇몇 사람과 중장비가 따르더니 깊게 파인 고랑길은 금방 멀쩡해졌다. 사찰은 한결같은 도량 상태를 유지하기 위해 질 좋은 마사토를 미리 준비해 둔다고 한다. 스님 중 몇은 비만 내리면 파이는 길을 "황토색 포장재로 덮어버리면 고생 없이 말끔할 텐데"라며 건의를 한다. 회주 장윤 스님의 뜻은 확고하다. 늘 딱딱한 아스팔트와 콘크리트만 밟으며 사는 사람들이 이 산중에 와서까지 그러면 되겠냐고.

전등사 도량은 친절하다. 지금껏 다녀본 절집 가운데 의자가 가장 많은 곳이다. 공간 있는 곳마다 의자가 있다고 해도 지나친 말이 아닐 정도다. 하다 하다 공중전화 부스 안에까지 의자를 뒀다. 절집을 자주 찾아본 사람이라면 절집이 의자와 휴식 공간에 얼마나 인색한 집안인지를 알 것이다. 절집은 쉬는 곳이 아니고 수행과 기도를 하기 위한 곳이라고 항변하면 달리 덧붙일 말은 없다. 하지만 출가 수행자와 불제자뿐만 아니라 절을 찾는 일반 관람객까지 줄어 근심이 큰 요즈음 아닌가? 비록 휴가철이긴 하지만 전등사 진입로는 관람객으로 가득해서 사중의 어떤 자동차도 통행할 수 없다. 도량 구석구석이 빛나는 데는 그만한 배경이 있다.

물의 땅, 빛남의 땅 강화

글. 노승대(문화답사가 · 작가)

강화도는 섬이다. 바람 부는 섬이다.
그러나 그 바람 속에는 역사의 흔적이 실려 있다.
강화도의 해안이나 내륙에는 어딜 가나
과거의 유산이 숨 쉬며 역사를 노래한다.

햇살 받은 소나기가 춤추듯 너울거리며 쏟아졌다.
운무를 끼고 있는 산하와 강화의 이야기가 붉은빛을 타고 하늘 위로 오르는 듯 보였다.

역사의 바람

강화도는 반만년 5,000년의 세월 속에서 주연이나 조연으로 우리 민족의 역사에 끊임없이 등장했다. 고대의 단군과 관련한 유적이 마리산(摩利山=마니산) 참성단으로 남아 있고, 그의 세 아들이 쌓았다는 삼랑성(정족산성)의 자취도 있다. 강화도를 무대로 삼국의 쟁패는 치열했고 고려의 대몽항쟁은 끈질겼으며 조선의 병자호란은 처절했다. 어느 때는 버려지듯 유배지로도 쓰였고 어느 때는 한 나라의 수도로 그 몫을 다했다. 조선 말기의 국제적 중요 사건들은 거의 강화해협을 끼고 일어났다. 전쟁의 최전선으로 병인양요, 신미양요, 운양호 사건들이 다 이곳에서 벌어졌다. 강화도는 우리 민족의 시작과 함께 오랫동안 영광과 치욕의 역사를 써내려 왔다. 우리 민족 역사의 큰 물줄기 속에서 강화도는 섬이지만, 섬이 아니다. 민족 역사의 축소판이다.

강화도는 우리나라에서 4번째로 큰 섬으로 강화군의 주도(主島)이다. 강화군은 강화도를 비롯해 석모도, 교동도를 포함해 12개의 섬으로 이루어져 있다. 현재 인천광역시에 편입된 강화군은 사실 경기도에 더 가까운 섬이다. 동쪽으로 24km에 이르는 강화해협을 끼고 경기도 김포시와 마주 보고 있기 때문이다.

한강 하류는 임진강과 합류하여 서쪽으로 흐르다 하구를 막고 있는 강화도 동북쪽과 부딪쳐 물길이 갈라진다. 남쪽으로 갈라진 물길이 내륙을 침식해서 강화해협을 이루니 물살은 세고 빠르다. 북서쪽으로 나아가던 한강 줄기는 북쪽에서 들어오는 예성강과 합쳐져 서해로 넓게 퍼지며 서서히 잦아든다. 강화도의 옛 이름을 해구(海口)나 혈구(穴口)라고 부른 것도 여기에서 유래한다. 강화도를 거치지 않으면 바다로 나갈 수도 없고 한강으로 들어갈 길이 없으니 해구, 혈구라는 명칭이 자연스레 생긴 것이다.

강화(江華)라는 지명은 고려 태조 23년(940) 처음 등장했다. 한강, 임진강, 예성강 등 여러 강의 아래 고을이라 해서 강하(江下)라고 부르다가 '강 아래의 아름다운 고을'이라는 뜻으로 '강화'라고 고쳐 부른 것으로 알려졌다.

삼랑성 성곽. 역사 유적이 많은 강화도에는 단군의 세 아들이 쌓았다는 삼랑성의 자취가 있다.

단군이 제를 올린 참성단이 있는 마니산의 자태를 어렴풋이 볼 수 있다.

섬이 된 강화도

그럼 강화도는 언제부터 섬이었을까?

지구의 마지막 빙하기인 1만 2,000여 년 전 서해는 아예 없었다. 한반도 북쪽 경계선 지역까지 빙하로 덮여 있었고 강화도는 김포와 붙어있는 육지였다. 당연히 중국과 한반도는 붙어있었고 그사이에 해발 80m 이하의 낮은 구릉들이 펼쳐져 있었다. 황하는 그 구릉 사이를 흐르며 압록강, 한강, 금강의 물을 받아들여 남쪽 먼 곳에서 바다로 들어갔다.

빙하기가 끝나고 빙하가 녹으면서 점차 해수면이 높아졌고, 바닷물이 강줄기를 따라 들어오자 낮은 구릉들은 차츰 물에 잠기기 시작했다. 5,000~6,000년에 걸쳐 바다의 수위가 120m까지 높아졌고 서쪽의 구릉지대는 전부 바다가 됐다. 이때 프랑스와 붙어있던 영국도 섬으로 분리되면서 도버해협이 생겨났다. 학자들은 현재의 중국 동부와 한반도 서부의 해안선이 이루어진 시기는 약 6,000년 전이라고 추정한다.

결국 구석기시대의 선사 인류는 구릉 사이를 흐르는 황하나 여러 강가에서 살다가 바다 수위가 높아짐에 따라 점차 육지 쪽으로 이동할 수밖에 없었다. 따라서 한반도의 구석기 유적지는 내륙의 강가에서 주로 발견됐다. 공주 석장리 유적(2만 년 전)이나 연천 전곡리 유적(4만 년 전)이 대표적이다. 그러나 강화도는 한강의 물길이 스쳐 지나가는 길목이어서 구석기와 신석기시대의 유물이 다 발견된다. 이미 오랫동안 선사인들이 강화도에서 붙박이로 살았다는 뜻이다.

1만여 년 전 정착 농경 생활이 시작되며 신석기시대가 열렸다. 따라서 가뭄이나 홍수, 폭풍은 농사에 큰 영향을 미쳤다. 자연스럽게 날씨를 관장하는 신이 등장하고 이 신에게 비는 제의(祭儀)도 행해졌다. 인도에 제석천(인드라)이 있듯이 우리 민족에게는 환인이 있었다. 그의 아들 환웅이 풍백(風伯, 바람의 신), 우사(雨師, 비의 신), 운사(雲師, 구름의 신)를 거느리고 지상으로 내려와 단군을 낳은 것이 민족 역사의 시작이다.

강화도가 아직 육지에서 떨어져 나가 섬이 되기 전에 이 일대에서 농경 생활을 하던 선조들은 하늘에 빌기 위해 가장 높고 위엄이 있으며 헌걸찬 암산을 찾아냈다. 하늘에 제사하기에는 가장 좋은 입지여서 산정에 단을 쌓았다. 바로 단군이 쌓았다는 마리산 참성단이다. 그러나 마리산은 바다 수위가 차오르며 섬이 됐다. 섬이 되었어도 중요한 제의는 빠트리지 않았다. 고려시대에도 그러했고 조선시대에도 그랬다.

마리산이 다시 강화도로 편입된 것은 이제 330여 년밖에 안 된다. 그전까지는 고가도라 불리는 섬이었다. 강화유수로 온 민진원 부사가 1706(숙종 32)년 9월 선두포구에 제방을 쌓기 시작해 다음 해 5월에 완공했다. 연인원 11만 명을 동원해 길이 460m, 최대 높이 15m의 제방을 쌓았다. 다른 한쪽은 얕은 갯벌이라 막기가 쉬웠다. 섬의 이름도 잊히고 강화도 최남단의 마리산으로만 부르게 됐다.

고인돌의 왕국

신석기시대 다음에 나타나는 청동기시대의 대표적인 유물은 고인돌이다. 고인돌은 아시아와 유럽, 북아프리카에 6만여 기가 분포하는데 한반도에 4만여 기가 남아 있다. 그것도 농지개량으로 벌판에 수두룩했던 고인돌이 없어졌는데도 남은 숫자가 그만큼이다. 그야말로 고인돌의 왕국이다. 당연히 세계문화유산으로 등재됐다. 산둥성과 한반도가 붙어있었기에 산둥성과 만주 일대에도 고인돌이 분포하고 있다.

고창과 화순의 고인돌군과 함께 세계유산으로 등재된 고인돌이 바로 강화도의 고인돌이다. 특히 부근의 고인돌은 남한에서 발견된 가장 큰 덮개돌로 유명하지만, 오상리 고인돌군에 더 애착이 간다.

고인돌은 청동기시대의 집단 무덤이지만, 작은 고인돌은 보기 어렵다. 후대에 큰 고인돌은 가져가기 어려워 제자리를 지켰지만, 아이들을 묻은 작은 고인돌은 쉽게 가져다가 다른 용도로 쓴 경우가 많았기 때문이다. 오상리 고인돌군은 작

드넓은 갯벌 위로 쉼 없이 부는 바람 속에 놓인 섬이 강화도다.

은 언덕 위에 있는 탁자식 고인돌군으로 아주 작고 귀여운 고인돌도 끼어 있다. 어린아이를 묻은 고인돌일 것이다. 이때는 이미 부모와 자식 간의 유대가 공고해져서 자식을 사랑하고 부모를 공경하는 문화가 성립되었을 것으로 추정된다. 그렇게 세대 간의 유대를 살펴볼 수 있는 곳이 바로 오상리 고인돌군이다.

한반도의 고인돌은 기원전 2,500년에서 기원전 300년까지 이어진 것으로 보고 있다. 한강 하류 지역에서는 구석기시대부터 계속 인류가 살아왔고 농경사회로 바뀌며 한민족 최초의 국가 형태를 이룬 고조선의 단군과 시기적으로 맞닿아 있는 것이다.

전쟁의 파도 속으로

역사의 시대로 넘어오자. 강화도는 군사요충지로써 중요했다. 강화의 바닷길을 통해서만 예성강, 임진강, 한강을 통행할 수 있으니 당연했다. 고구려가 점령하기도 하고 신라와 연합한 백제가 차지하기도 했다.

강화도의 고구려식 이름이 '갑비고차(甲比古次)'다. 갑비는 움푹 들어간 곳인 혈(穴)을 의미하고 고차는 입구를 뜻한다. 곧 혈구(穴口)의 고구려식 이름이 갑비고차다. 신라가 삼국을 통일한 후에는 혈구군으로 부르다가 경덕왕 때인 757년에 해구군으로 개칭했다.

고려는 강화도와 떼려야 뗄 수 없는 인연의 땅이다. 유배지로 쓰던 섬에 임시수도를 건설해 강도(江都)라고 부르며 몽골에 38년을 저항했다. 한 세대 30년 이상의 세월이 흘러간 것이다. 고려시대 여러 왕과 왕비의 무덤, 대 문장가 이규보의 무덤도 강화에 남겨졌다.

조선시대에 들어와서도 강화도는 유배지로도 쓰이고 국방의 요새로도 쓰였다. 연산군은 교동도에 유배됐다가 운명했고, 광해군이 강화도에 유폐한 어린 영창대군은 참혹한 죽임을 당했다. 철종이 된 강화도령도 이곳에 유배되어 나무꾼으로 살았다.

강화도에 치욕을 안긴 것은 병자호란이었다. 천연의 요새 강화도가 청나라 군에 함락되어 원임대신 김상용이 손자와 함께 강화성 남문에서 스스로 폭사했다. 수많은 여인이 자결하고 봉림대군 이하 200여 명이 포로가 되는 수난을 겪었다. 구한 말에 이르러서는 조선의 문호를 열고자 하는 열강의 침탈이 강화해협에서 줄지어 일어났다. 프랑스 군대는 또다시 강화성을 함락하고 외규장각의 도서들을 약탈했으며, 일본은 강제로 강화도조약을 체결한 뒤 본격적으로 조선을 침략하기 시작했다.

해방 후 일어난 한국전쟁은 한반도에 씻을 수 없는 상처를 남겼다. 민족상잔으로 수많은 동족이 죽고 이산가족이 되었으며 귀중한 문화자산도 연기 속으로 사라졌다. 다행스럽게도 강화도는 남북이 대치한 주요 전장에서 벗어나 있어 문화유산도 잘 보존할 수 있었다. 고찰만 살펴보아도 알 수 있다. 서울 북쪽 지역에서 살아남은 고찰은 파주 보광사 한 곳뿐이지만, 강화도에서는 전등사, 정수사, 청련사, 백련사, 적석사가 모두 전쟁의 화를 피했다. 이 사찰들은 지금도 강화도의 커다란 문화자산이다.

이처럼 수많은 역사적 사건들과 함께 그 흔적들도 강화도에 고스란히 남겨졌다. 그래서 강화도 어디를 가도 문화유적을 만날 수 있고 그 역사의 부침을 읽을 수 있다.

강화의 멋

고난과 영광을 함께 엮어 간 강화도에는 오랜 시간이 흐르며 이룩한 강화도만의 멋이 있다. 그중의 하나가 화문석(花紋席)이다. 왕골을 이용해 꽃무늬나 수복 문양, 동물 문양을 넣은 화문석은 신라 때부터 시작됐지만, 강화도 화문석이 제일 유명했다. 일찍이 중국과 일본에도 수출됐다. 지난 시절, 한옥에서 생활할 때 여름의 필수품이었던 돗자리 중에서 가장 아름답고 시원했던 화문석. 이제 생활의 변화로 명맥만 겨우 이어지지만, 그 명성은 아직 남아 있다.

강화반닫이도 빼놓을 수 없다. 고려 조정이 강화도로 천도하며 왕실 문화의 하나로 남겨졌다는 솜씨는 조선시대에도 바뀌지 않았다. 반만 여닫는다고 해서 반닫이로 부르는 목조가구는 어느 지방에나 있지만, 강화반닫이는 남다르다. 든든한 장식과 두꺼운 판재를 쓴 솜씨가 어우러져 품위 있고 듬직하다. 소나무로 짠 강화반닫이 1점에 5,000만 원 이상을 호가하고 있으며, 느티나무 괴목(槐木)으로 6면을 다 짠 6통 괴목 강화반닫이의 가격은 상상초월이다.

특이하게도 일제강점기부터 1970년대까지 강화도는 우리나라 최고의 직물 생산지로 이름을 떨쳤다. 시작은 1933년 홍재묵·홍재용 형제가 설립한 조양방직이다. 설립 당시 12만 5,000원(현 시가 60억 원 내외)의 자본금으로 시작해 조선 최초의 인견을 생산했다. 한국전쟁이 끝난 1950년대에는 소규모 직물공장이 기하급수적으로 늘어 60여 곳에 이르렀고 종업원 수만 4,000명에 이르렀다. 주로 인견과 면직물을 생산하며 강화의 경제를 이끌었다.

그러나 70년대에 들어 대구 지역이 합성섬유 대량생산체제를 갖추면서 강화도의 직물 산업은 내리막길을 걸었다. 질긴 나일론이 약한 목화솜을 밀어낸 것이다. 그래도 아직 10여 개 업체가 남아 가내수공업 수준으로 소창을 주로 생산한다. 소창은 목화실을 성글게 짠 직물로 기저귀, 손수건, 행주 등으로 많이 쓰이는 직물이다. 보통 가제 수건이라 부르는 면직물이 바로 이 소창이다.

조선 최초의 인견 생산으로 강화의 경제를 견인하다 폐공장이 된 조양방직은
카페로 변신한 뒤 핫플레이스가 됐다.

대지 700여 평에 일본식 2층 건물과 50여 대의 직조기를 갖춰 강화 제1의 공장이었던 조양방직은 1958년에 폐업한 후 난무지 공장, 섯살 공장 등으로 사용되다가 결국 폐공장이 됐다. 다행히도 2018년 7월 도시재생 프로젝트의 하나로 조양방직 공장은 레트로 카페로 대변신했다. 기존 건물을 그대로 두고 옛 물건들로 카페를 꾸민 곳이다. 지금은 주말이면 3,000명이 다녀가는 강화도의 핫플레이스가 됐다.

강화의 맛

먹거리로는 강화순무가 가장 유명하다. 일반 무와 달리 단맛이 난다고 해서 '과일무'라 불리는 순무는 고려시대부터 심기 시작했다. 이규보의 시에 "순무로 담근 장아찌는 여름에 먹기 좋고 소금에 절인 김치는 겨우내 반찬이 되네"라는 구절이 나온다. 조선시대에도 맛이 특별해 왕에게 진상했다.

구한 말 영국에서 파견된 해군 교관 콜웰이 본국에서 가져온 순무 2종을 강화도에 심었고, 이후 토종 순무와 교잡해서 지금의 강화순무가 탄생했다. 특이하게 다른 지역에 심으면 강화순무의 맛이 나지 않기에 차별화된 '강화순무'로 자리매김했다.

강화인삼은 한국전쟁 후 가까운 개성 사람들이 강화도에 들어와 전문적으로

부드럽고 고소한 맛이 일품인 밴댕이는 강화 앞바다가 유명한 생산지다.
오뉴월이 되면 식도락가들이 강화도로 몰려오는 이유다.

나
를

채
우
는

섬

인
문
학

강
화
도

강화순무. 이규보는 장아찌로 만들면 여름에 좋고, 소금에 절인 김치는 겨우내 반찬이 된다는 시를 썼다.

인삼을 재배하면서 명성을 얻었다. 인삼의 육질이 단단하고 치밀하여 인삼 고유의 향을 오래도록 간직하는 특성이 있다. 따라서 홍삼 원료로 쓰는 6년근 인삼 중에서도 최고의 품질로 주목받고 있다.

강화의 바다에서 나는 산물은 강화 새우젓이 대표적이다. 가을에 생산되는 새우젓인 추젓은 강화도산이 전국 생산의 70%를 차지한다. 이 추젓이 주로 김장용으로 많이 쓰인다. 밴댕이도 빼놓을 수 없다. 밴댕이는 서해와 남해에서 두루 잡히는 생선이지만 민물과 바닷물이 섞이는 강화도 앞바다가 최고로 유명한 생산지다. 밴댕이는 깊은 바닷속에 머물다 수온이 오르면 연안으로 이동하는데, 산란기를 앞둔 오뉴월이 제철이다. 성질이 급한 물고기로 유명해서 그물에 걸리자마자 바로 죽어버린다. 이런 성질 탓에 '밴댕이 소갈머리'라는 말이 생겼다. 그러나 회로 먹으면 부드럽고 고소한 맛이 일품이어서 오뉴월이 되면 식도락가들이 강화도로 몰려온다. 후포항이라고도 부르는 선수포구는 아예 '밴댕이마을'이라는 별칭으로 불린다.

토종식물로는 약성이 좋기로 이름 높은 사자발쑥이 있다. 쑥잎의 생김새가 사자발 모양으로 갈라지고 뒷면에 흰털이 나 있어 붙은 별명이다. 강화도는 약쑥 재배에 좋은 화강암계 토질을 갖추고 있고 염분이 섞인 바람과 바다에서 피어오르는 안개가 약쑥의 성장을 돕는다. 자생 약쑥 중 효능 좋은 약쑥만을 채취하여 별도 재배한 것이 사자발 약쑥의 성가(聲價, 세상에 드러난 좋은 평판)를 높였다. 사실 쑥은 우리 민족의 시원과도 관계가 있다. 단군신화에서 곰이 쑥과 마늘을 먹고 웅녀라는 여인으로 변해 단군을 낳았다는 기록이 그것이다. 한민족은 쑥을 식용하는 민족이다. 국도 끓여 먹고 떡도 해 먹는다. 신당을 정화하는 의식에도 원래는 쑥을 썼고 해충을 퇴치하는 모깃불에도 쑥을 쓴다. 세계적으로 쑥을 식용, 약용으로 쓰는 민족은 한민족이 유일하다. 강화도에서도 사자발쑥 산지로 유명한 곳은 바로 마리산 자락이다. 단군이 쌓았다는 참성단이 여기에 있으니 단군과 웅녀와 쑥은 여기에서도 오버랩된다.

강화도에는 의좋은 다섯 개의 산이 나란히 솟아 있다. 그중에서도 고려산은 진달래로 유명하다. ⓒ강화군청

서울과 가까운 곳에 바다를 낀 강화도가 있다는 것은 우리 모두의 복이다. 의좋은 나섯 개의 산도 나란히 솟아 있어 섬의 풍경을 한결 북돋운다.

북쪽에서부터 별립산, 고려산, 혈구산, 진강산, 마리산이다. 마리산이 472m로 가장 높지만, 난형난제처럼 그 높이가 어슷비슷하다. 고려산은 매년 4월이면 지천에 깔리는 진달래로 유명하고 혈구산, 진강산은 전망이 좋다. 마리산은 티라노사우루스 같은 바위능선으로 이름이 높다. 그 갈피에는 강화도의 대표적인 사찰인 전등사를 비롯해 여러 고찰을 갈무리하고 있다. 해안가에는 국방 유적이 즐비하다.

당연히 한두 번의 발걸음으로는 강화도의 속내를 다 엿볼 수가 없다. 산이 있고 고찰이 있고 능이 있고 포대가 있다. 강화도로 가는 발걸음이 잦아지는 것은 바로 이 때문이다. ᴧᴧᴧ

하늘의 길

글. 김성환(전 경기도박물관장)

나를 채우는 섬 인문학 강화도

단군, 하늘에 제사를 올리다

참성단(塹星壇)인가, 참성단(塹城壇)인가?

현재 참성단은 한자로 '참성단(塹星壇)'이라고 쓴다. 사실 '참성(塹星)'은 그 자체로 뜻풀이를 할 수 없다. 성 밖을 둘러싼 해자를 뜻하는 한자인 '참(塹)'과 뭇별을 가리키는 한자인 '성(星)'이 나란히 쓰인 구조이다. 굳이 풀이하면 "바다를 해자로 삼은 요새처럼 솟은 참성(塹城)에서 뭇별을 제사하는 제단" 정도의 뜻이다.

참성단이 있는 마니산(摩尼山)은 고려시대까지 마리산(摩利山)으로 불렸다. '마니'와 '마리'가 어떤 뜻인지, 어느 것이 옳은지에 관한 논란도 있었다. 하지만 그 논란에 어떤 의미가 담겨있는지 잘 알지 못하겠다. 두 이름은 우리말에서 '말', '머리'를 뜻한다는 점에서 통하고, 불교에서 여의주를 뜻하는 '마니보주(摩尼寶珠)'에서의 '마니' 또한 '마리'와 통할 수 있기 때문●이다. 고려시대에 그곳의 참성(塹城)은 중국이나 남쪽 지방에서 개경으로 오가는 배들이 안전하게 드나들 수 있도록 밤새 불을 비춰주기도 했을 것이다.

1384년(우왕 10) 가을 참성단 제사에서 사용된 것으로 짐작되는 「참성초청사(塹城醮青詞)」라는 자료가 있다. 고려 말과 조선 초에 활동하며 조선의 성리학 이념을 마련한 권근(1352~1409)이 국왕을 대신해서 쓴 참성단 제사에 사용한 제문이라고 할 수 있다. 이때는 왜구가 전국 해안을 횡행하며 도읍인 개경 부근까지 약탈을 일삼던 때로, 제사의 목적은 왜구를 물리치려는 것이었고 제주(祭主)는 국왕이었다.

참성단 제사는 도교 의례로 치러졌기에 유교의 제사라는 말을 사용하지 않았다. 도교에서는 제례에 대신해서 초례(醮禮) 또는 초제(醮祭)라고 했다. 따라서 참성단 제사의 원래 이름은 '참성초' 또는 참성단이 위치한 마리산(마니산)을 앞에 붙여 '마리(니)산참성초'라고 했다. 또 '청사(青詞)'라는 것은 도교 의례에서 사용되는

● 이 글에선 고려시대 이후 명칭은 마니산으로 통일했다.

제문 같은 것으로, 푸른색의 종이에 제문을 쓰기 때문에 청사라고 했다. 그러니까 권근이 지은 「참성초청사」는 마리산 참성단에서 지냈던 도교 제사에 사용되었던 제문으로, 그 명칭에서 참성단의 성격과 내용을 함축하고 있다.

　여기에서는 그 초제의 유래를 '단군유사(檀君攸祀)', 즉 "단군이 제사하던 것"에서 찾고 있다. 사실 참성단이 우리 관심의 대상인 것은 우리 역사의 시조인 단군이 하늘에 제사(제천)하던 곳으로 전해진다는 점 때문이다. 그 기록은 『세종실록지리지』와 『고려사』 지리지에 실려 있다. 그런데 이 책들이 조선 전기에 편찬되었고 그 근거를 "세상에 그렇게 전한다"는 세전(世傳)에서 잡고 있었기 때문에 '단군제천'의 전통을 고려시대로 소급하는데 다소 주저되는 점이 없지 않았다. 하지만 권근의 「참성초청사」는 이런 우리의 의구심을 말끔하게 해소한다.

　이 자료는 참성단을 단군의 제천단으로 밝힌 현재 전해지는 최고(最古)의 기록이라는 점에서 의미를 가진다. 단군에서 시작한 제천의 전통이 성조(聖祖)인 고려 태조를 거쳐 후대의 국왕에게까지 이어졌고, 몽골의 침입을 피해 강화로 천도해서도 제천에 힘입어 나라를 보전했다는 역사적인 전통임을 드러냈다. 단군은 그 제사를 주관했던 제주(제사장)였던 것이다. 다시 말해 참성단은 단군을 제사하던 곳이 아니라, 단군이 제천하던 곳이었다. 단군을 제사하던 평양의 단군사당(숭령전), 황해도 구월산의 삼성사와 달랐다. 참성단(국가 사적)에서의 제천은, 몽골의 침입으로 개경에서 강화로 도읍을 옮긴 이후 시작됐다. 고려 전기에 궁궐 이외의 지역에서 지낸 제천은 서해도 염주(황해도 연백)의 전성 제천단에서 이뤄졌는데, 이것이 마리산 참성단으로 옮겨진 것으로 짐작된다. 전성에서도 선종이 직접 제천했을 가능성이 있고, 인종은 관료를 파견해서 초제를 지낸 적이 있다. 1259년(고종 46) 마리산에 별궁인 이궁(離宮)을 짓고 참성단에서의 초제를 준비했으나 이루지 못하던 것이 1264년(원종 5)에 비로소 이루어졌다.

서해로 완만하게 흐르는 마니산의 화강암 능선을 보고 있노라면 옛 어른들이 저 산 위에 제단을 쌓아
제를 올린 까닭을 조금은 짐작할 수 있다.

마니산 참성단은 단군이 제사를 지냈다고 하는 제단이다. 강화군은 2019년 무렵부터 안전과 문화재
보호를 이유로 참성단에 철조망을 설치했다. 150년 수령의 소사나무도 덩달아 갇혔다.

참성단 중수비(塹城壇 重修碑)

1717년(숙종 43) 5월에 조성됐다. 비문에는 '참성단'이라는 이름을 붙인 사연, 선조들의 뜻 등에 관한 기록들이 적혀 있다. 사진은 새로 보수한 후 그 내용을 기록해 놓은 것으로, 가파른 바위 윗면을 손질해 그 위에 비문을 새겼다. ⓒ위키미디어

참성단에서 지낸 삼계대초(三界大醮)

도교에서는 많은 별신을 모셨다. 그중에서 우주 만물을 포함하는 가장 넓은 범위가 삼계(三界)였고, 이를 제사하는 초제가 삼계초, 삼계대초였다. 삼계초는 도교 제사를 관장했던 고려시대의 복원궁(福源宮), 조선시대의 소격서(昭格署)에서 351위(位)의 신을 모시고 매년 봄가을로 지내졌는데, 참성단에서는 야외였기 때문에 이를 축소하여 95위의 별신을 모셨다. 특히 참성단은 가뭄에 비를 빌면 즉각 효험이 있는 것으로 알려져, 기우초제(祈雨醮祭)를 별도로 지내기도 했다.

참성단에 올라 보면 아래는 타원형이고 위는 정사각형인데, 아래는 초제의 준비 공간이고, 위는 초단(제단)이다. 삼계초는 상단(상계), 중단(중계), 하단(하계)의 초제로 구성됐는데, 상단에서는 옥황상제와 태상노군(노자) 등 4위, 준비 공간에서 계단을 통해 상단으로 올라가는 통로 서쪽(왼편)의 중단과 동쪽(오른편)의 하단에서는 염라대왕과 이십팔수 등 91위를 모셨다. 별을 모시는 제사였기 때문에 초제는 늦은 밤부터 이른 새벽 사이에 지내졌다.

초제를 주관하는 사람을 초주(醮主)라고 하는데, 참성단 제사는 국가 제사였기 때문에 당연히 초주는 국왕이었다. 그렇지만 국왕이 참성초제를 지낸 것은 1264년 6월 원종이 유일하다. 2~3품의 관료가 파견돼 국왕을 대신해서 초제를 지냈다. 이때 국왕은 향을 바쳤기 때문에 그 관료를 향사(香使), 행향사(行香使)라고 했다. 또 향사를 보조하는 헌관도 3~4품 관료로 파견됐고, 초제의 준비부터 진행의 실무를 맡았던 전사관(典祀官)도 있었다. 전사관은 복원궁이나 소격서의 하급 관리가 맡았는데, 참성초제를 전담하는 관리가 배치되어 있었다. 이외에 초제를 보조하는 배단 2명, 도교 의례를 진행하는 도사 2명 정도가 참석했다.

고려시대부터 1484년(성종 15)까지 향사는 상단과 중단 제사를 담당하고, 헌관이 하단 제사를 담당했다. 고려 말에 유종(儒宗)이었던 목은 이색(1328~1396), 후에 조선의 국왕(태종)이 된 이방원(1367~1422) 등이 향사로 참성초제를 주관하기도 했다. 그런데 깜깜한 어둠 속에서 가파른 계단을 오르내리다 보면 향사의 생명까지 위협하는 상황까지 발생하기에 향사는 상단 제사만 전담하고, 헌관이 중단과 하단 제사를 맡는 것으로 바뀌었다. 이때부터 강화부사가 헌관을 담당하는 것으로 원칙이 정해졌는데, 때에 따라서는 중앙에서 관료가 파견되기도 했다.

91위의 별신들은 고려시대에는 목상(木像)으로, 조선 전기에는 목판으로 모셨다. 소격서와 함께 폐지됐다가 재개된 후에는 지방(紙榜)으로 모셔졌고, 초제를 마치면 소지(燒紙, 종교적 신앙적 목적으로 종이를 태움)했다. 제기는 이동과 보관의 편의를 위해 유기가 사용됐고, 제수는 몇 가지 종류의 떡과 함께 나물 등 소찬(素饌)이 올려졌다. 제주는 초제 날짜가 정해지면 전사관이 40일 전에 재궁으로 내려와 담았다.

참성초의 재계 시설, 재궁(齋宮)

참성단 초제를 준비하던 시설로 재실(齋室) 또는 재궁이 있었다. 천제(天祭)를 준비하는 곳이라고 해서 천재궁(天齋宮)이라고도 불렸다. 보통 재궁(재실)은 제단과 가

삼랑성(정족산성) 뒤로 펼쳐진 들판 너머로 보이는 산이 마니산이다.

까운 거리에 조성되기 마련이었는데, 참성단이 위치한 곳은 마리산 정상의 암반이었기에 그 위치로 적정하지 못했다. 이에 마리산의 남동쪽 아래인 위치(현재의 천제암 터)에 들어설 수밖에 없었다. 이곳에서 참성단까지는 지금도 약 1시간 정도 올라가야 하며, 길이 험하다. 이 때문에 조선 초기부터 몇 차례에 걸쳐 재궁을 참성단과 가까운 곳으로 옮기려는 공론(公論)이 있었지만, 이루어지지 못했다.

재궁에는 향사·헌관·전사관이 숙박했던 상방·중방·하방과 초제에 사용되던 기물을 보관하고 그 준비를 했던 전사청, 마리산 정상이 바라보이던 작은 정자인 앙산루 등이 있었다. 또 재궁 아래에는 사람들이 함부로 드나들지 못하도록 연산군 때 금표(禁標)가 설치됐다. 향사와 헌관은 초제 이틀 전에 재궁에 도착해서 자신들의 숙소에서 도교 경전인 『황정경』을 읽으면서 재계했으며, 매 끼니때 만나 식사하며 초제 준비를 의논했다.

참성단의 수리와 참성초의 폐지

참성단은 암반 위에 다듬어지지 않은 자연석을 켜켜이 쌓아 올려 만들어진 제단이다. 비바람 같은 자연재해에 취약할 수밖에 없었다. 고려 충렬왕 때부터 조선 후기까지 몇 차례의 붕괴와 보수 사실이 알려져 있다. 제단이 무너진다는 것은 예삿일이 아니었다. 그럴 때마다 중앙에서는 하늘의 변화를 관측했던 관청인 서운관의 관리를 보내 원인을 조사하고 수리했다. 이후 다시는 이런 일이 없도록 서운관의 장관인 서운관정이 직접 해괴제(解怪祭)를 지냈다. 괴이한 일이 일어나지 않기를 비는 제사였다.

참성초가 폐지된 후에도 고적으로서 관리를 위한 보수가 있었다. 강화유수 최석항이 1717년(숙종 43) 수리하고 고사를 지낸 후, 그 사실을 참성단 옆의 바윗면에 새긴 「참성단중수기」(인천광역시 문화재자료)가 남아 있다.

참성초제는 임진왜란 직후 폐지되어 이후 참성단에서는 초제를 지내지 못했다. 대신 강화유수가 마니산 산신을 모시는 유교 제사를 마니산 산천제단에서 지

삼랑성(정족산성) 남문 종해루

냈다. 참성단 제사가 도교 의례에서 유교 의례로 변화하는 과정과 관련이 있다. 참성단은 제단이 아니라 단군과 관련한 고적으로 남았고, 사람들은 답사와 관광을 위해 마니산 아래의 재궁이던 천재암(천제암)에서 산 물고기를 메뉴로 한 점심을 포함한 당일 일정으로 참성단에 올랐다.

삼랑성과 삼랑성가궐(三郞城假闕)

삼랑성(三郞城, 국가 사적)은 말 그대로 세 명의 사내가 쌓은 성(城)이라는 뜻이다. 역시 단군이 세 아들에게 쌓게 했다는 전승이 전해진다. 지금은 정족산성으로 잘 알려져 있고, 전등사가 그 안에 있다. 전등사는 주차장에서 산길을 올라 지금은 누각이 없는 삼랑성 남문을 지나야만 갈 수 있다.

사실 참성초제와 삼랑성가궐의 건립은 고려 고종 말과 원종 초 '개경으로의 환도'와 '국왕이 직접 몽골로 와서 몽골 황제를 알현하라'는 압력을 물리치고자 하는 풍수도참의 방편으로 이루어졌다.

이를 주도한 사람은 당시 무인 집정자였던 김준이었고, 그 실행은 술사(術士)였던 백승현이라는 사람이 맡았다. 그는 혈구사에서 석가여래를 모신 대일왕도량(大日王道場)을, 신니동가궐과 삼랑성가궐에서는 석가여래의 불정(佛頂)과 도교의 오성(五星)을 합친 대불정오성도량(大佛頂五星道場)이란 법회를 열고 참성단에서 초제를 지낼 것을 주장했다. 그러면 즉각 효험이 있어 국왕이 몽골에 가지 않아도 되고 오히려 몽골을 포함한 모든 나라들이 고려에 조공을 바칠 것이라고 했다. 이를 왕실의 기운을 연장하려는 방책이라는 뜻에서 연기업(延基業)이라고 한다.

이에 대해 당시 조정에서는 많은 논란이 있었고 반대하는 사람들이 있었지만, 권력을 가진 집정 무인의 강력한 요청과 이에 기대려는 국왕의 뜻에 따라 진행될 수밖에 없었다. 하지만 1259년(고종 46) 혈구사를 중심으로 추진됐던 연기업은 갑작스러운 고종의 발병과 죽음으로 중단됐다. 1264년(원종 5) 6월에 다시 추진됐는데, 이때는 혈구사를 대신해 삼랑성가궐과 마리산 참성초를 중심으로 진행됐

다. 삼랑성가궐에 가서 대불정오성도량에 향을 바쳤는데, 당시 수상이었던 이장
용 등 고위 관료들은 국왕을 수행하여 심랑성가궐→마리산참성→신니동가궐→
혈구사에서 행향하고 초제를 지냈다. 그리고 〈임강선령〉이란 가사를 지어 중흥의
조짐을 바랐다.

전승의 확장과 고조선 남쪽 경계

조선 후기 실학자들을 중심으로 고조선에 대한 역사 인식이 체계화되면서 참성단
과 삼랑성에서의 전승 또한 확장됐다. 참성단은 단군의 제천단에서 "단군이 쌓고
제천하던 곳"으로, 단군이 세 아들에게 쌓게 했다는 삼랑성은 "하루 만에 쌓았다"
라거나 "셋째 아들이 쌓았다", 또는 "단군이 부루 등 세 아들에게 한 봉우리씩 쌓게
했다"는 전승으로 변화했다. 그리고 이 전승에 기대어 강화 일대의 한강변은 실학
자들에게 고조선의 남쪽 경계로 비정되기도 했다.

　　이런 사실들을 살펴본 후 고려의 국왕인 원종의 여정을 따라 삼랑성과 참성
단 답사를 권한다. 그 행로는 전등사 안에 있는 삼랑성가궐터를 먼저 찾은 후, 재
궁이 있던 천제암터를 거쳐 참성단으로의 마니산 등산이다. 참성단 아래로 펼쳐
진 풍경은 그 맛을 더할 것이라고 자신한다.ꓠꓠꓠ

글. 강영경(인천시 시사편찬위원)

신과 함께, 강화의 무속

강화주민은 신이 점지해 주신 생명으로 탄생하여 신의 가호 속에서 성장하며, 우주의 중심에서 신이 주시는 복을 받으며 자란다. 그리고 다양한 신을 모신 만신전에서 신과 함께 살아간다. 마을에서도 우주의 중심에서 신과 하나 되는 체험을 하며 신과 함께 산다.

신이 주신 생명

민속은 조상으로부터 계승해 온 지혜로운 생활문화 양식이다. 어머니가 새 생명을 잉태하고 출산할 즈음에 어머니, 아버지, 할머니, 할아버지 등 주변 사람이 태어날 아이에 대한 꿈을 꾸는데 이를 태몽(胎夢)이라고 한다. 강화주민은 신이 실제로 모습을 나타낼 수 없기에 꿈을 통해 신의 뜻을 전달하는 것으로 믿었다. 이 신을 '삼신할머니'라고 친근하게 부른다.

강화에는 주로 남녀의 구별과 귀한 인물에 대한 태몽이 많다. 곰과 호랑이 그리고 해를 보면 남자아이를 낳고, 뱀과 앵두 또는 연꽃이나 비녀 그리고 반지를 보면 여자아이를 낳는다고 한다. 학·달·별·난초는 귀한 자식을 낳을 꿈이고 용꿈은 과거급제, 돼지꿈은 부자가 되는 꿈이라고 생각한다. 그만큼 강화에서는 태몽을 중요하게 여기는데, 강화읍에 사는 조옥한 씨는 "딸 낳을 태몽을 꾸었는데 아들을 낳아서 고생을 많이 한다"고 생각한다. 태몽이 어머니의 평생을 좌우하는 것으로 믿고 있다.

탯줄은 삼줄이라고도 하는데 삼신이 삼줄을 꼬아 생명을 만들어낸다고 생각한다. 삼신은 새 생명을 점지해 줄 뿐 아니라 산모의 순산과 태아의 안전한 출생·건강·수명을 보호한다. 아이 엉덩이에 있는 푸른 자국은 몽골리안에게 모두 있다고 해서 '몽골반점'이라고 하는데, 강화주민은 '삼신할머니가 순산하라고 찰싹 때려준 손바닥 자국'이라고 보고 있다. 아이가 높은 곳에서 떨어져도 다치지 않으면 삼신의 보호라고 믿는다. 아이들은 두려움이 없어 놀라지 않고 뼈와 관절이 부드럽기에 크게 다치지 않는 편인데, 그래도 생명을 점지해 준 삼신이 항상 지켜준다

'외포리곳창굿'이 열리는 외포리 굿당

오방수살대 대신 제작한 목조수살대 앞 수살굿(2023년 3월 15일 촬영)

고 믿는 것이다.

삼신의 신체(神體)는 '삼신단지', '삼신바가지'라고 하며 곡식을 넣어 안방의 장롱 위에 모신다. 안방에는 제석신, 칠성신도 함께 모시고 이를 '삼불제석님'이라 부른다. 제석신은 불교를 통해 들어온 인도의 천신(天神)으로 불교를 수호하는 역할을 한다. 가신 중에서 제일 높은 신이며 깨끗한 신이기에 가장 먼저 제물을 올린다. 상 위에 아무것도 섞지 않은 순백의 백설기를 놓고, 쌀 1대접에 고깔, 수저, 실을 놓는다. 비린 것과 고기와 술은 놓지 않는다. 옷감이나 옷을 고깔과 함께 한지에 싸서 안방의 장롱 위에 모신다. 칠성신은 도교 계통의 신으로 가족의 수명장수를 관장한다.

삼불제석님은 불교 안에 전통적인 삼신과 도교적인 칠성신을 포용하고 있음을 보여준다. 3의 숫자는 조화와 균형으로 화합을 이루어 생동하는 의미를 담고 있다. 주부의 생활공간인 안방에 삼불제석님을 모신 이유가 뭘까? 가족의 탄생과 수호와 장수를 주부가 중요하게 생각하기 때문이다. 안방은 삼불제석님과 함께 하는 신성한 공간이다.

외포리 굿당에 모셔진 삼불제석

우물 앞에 차린 제상

우물굿 중 찾아온 주민들의 복을 기원하는 무당

만신전의 가옥

마루(대청)에는 성주신과 대감신을 모신다. 성주신은 집의 공간을 처음 여는 입주상량식(立柱上樑式) 때 대들보에 모시는 가신(家神)으로 가옥의 안전을 지켜준다. 욕심 많고 탐심 많은 벼슬아치로 생각하는 대감신은 잘 대접해야 가족이 평안하다고 여긴다. 부엌에는 부뚜막에 조왕신(竈王神)을 모시고 물 항아리에 용녀부인을 모신다. 마당에는 오방지신을 모시고, 행랑에는 어사대감을 모시며, 뒤뜰에는 터주신과 업신을 모신다.

마당에 모신 오방지신은 동서남북 사방에 중앙을 합한 다섯 개의 방위를 관장하는 지신(地神)이다. 사방에서 오는 잡귀와 악신으로부터 가족을 지켜준다. 가옥의 중심 공간인 마당을 지키는 게 가옥과 가족을 수호하는 것이라는 의미를 지니고 있다.

중심에는 적극적인 주체 의식이 들어있다. 오방에는 색이 있어 동쪽은 청색, 서쪽은 백색, 남쪽은 적색, 북쪽은 흑색, 중앙은 황색으로 표현한다. 어린아이가 기어 다니다가 돌 무렵이면 서기 시작하는데, 스스로 직립(直立)한 인간이 된다는 의미를 담아 돌날엔 오방색으로 색동저고리를 입힌다. 땅을 딛고 스스로 일어선 어린이가 우주의 중심에 우뚝 서서 신의 가호를 받으며 사방에서 오는 나쁜 액을 물리치고 복 받기를 기원하는 의미가 색동저고리에 담겨있다.

대문에는 걸립신을 모시고, 측간(화장실)에는 측신을 모시고, 굴뚝에는 구대장군을 모신다. 걸립신을 대문에 모시는 이유는 따로 있다. 마을에 동제(洞祭)나 행사가 있을 때 걸립패가 집마다 다니면서 비용을 걷는데, 수고하는 걸립패를 위해서 대문에 걸립주머니를 매달고 곡식이나 돈을 넣어놓는다. 마을을 위해서 일하는 걸립패를 신으로 인식하는 것도 주목된다. 정해진 액수는 없고 그때마다 집안의 형편에 따라 정성을 담는다. 이는 마을의 공적 기금이 된다.

가신을 집 안 곳곳에 모심으로써 가옥은 신전(神殿)이 된다. 이탈리아 로마에 있는 판테온 신전은 로마에 존재한 모든 신들을 위해 세운 만신전(萬神殿)으로 로 마인의 관용 정신을 상징하고 있다. 강화주민은 집을 만신전으로 만들어 많은 신을 포용하며 신과 함께 산다.

우주의 중심, 오방수살대

내가면 외포리에는 오방수살대가 있다. 수살대는 외부에서 들어오는 나쁜 기운을 막아주는 장대이다. 오방수살대를 세우면 그곳은 세계의 중심이 되는 우주목의 성격을 지닌다. 우주목(cosmic tree)은 우주의 중심을 상징하는 것으로 세계 여러 나라의 신화와 의례에서 보편적으로 나타난다. 실제로 지구는 둥글기 때문에 어디든 장대를 꽂으면 그곳이 중심이 된다. 외포리는 강화의 생태 관광 문화의 주요 거점지역이다. 군사요충지이고 수산물 집산지이며 인근 섬으로 출입하는 교통의 요지이다.

인천광역시 무형문화재 제8호로 지정된 '강화도외포리곶창굿'은 매년 음력 2월 2일에서 5일 사이에 길일을 택해 2일간 거행한다. 바닷가에 오방수살대를 세워놓고 용왕에게 안전과 소원성취를 기원하는 수살굿부터 시작한다. 이어서 마을의 우물을 중심으로 돌돌이를 하고, 상산당에 올라가 마을굿을 한다. 외포리 상산당에서 본격적인 굿거리는 제석거리부터 시작한다. 깨끗한 정화수와 백설기, 삼색과일, 삼색나물을 올리고 자손의 점지와 수명과 복을 달라고 기원한다. 안방에 모신 삼불제석님과 마을굿의 제석거리에는 같은 내용의 기원이 담겨있다.

제석거리가 끝나고 밤이 되면 음주가무하며 노는 축제가 벌어진다. 이때 주민이 무복(巫服)을 입고 무감을 선다. 주민은 누구든지 무감을 설 수 있다. 대감신의 옷을 입고 춤을 추면 대감신이 내려와 그는 바로 대감신이 된다. 곶창굿을 전수하는 김연숙 씨는 "무감을 서면 몸이 가벼워지고 재수도 있고 좋은 일 많이 생긴다"고 한다. 엄격하게 말하면 강신(降神)하는 것은 만신의 고유한 권능이다. 강화주민은 누구나 신이 될 수 있다는 '신과 하나 되는 인간관'을 지니고 있다. 다음날에는 성주신, 장군신, 별상신, 대감신, 군웅신을 모신다. 강화주민은 우주의 중심에서 마을신과 하나가 되는 축제를 지금도 이어오고 있다.

하늘과 통하는 강화도

강화의 첫 지명은 갑비고차(甲比古次)이다. 내가면 고천리 고부마을에 사는 황우연 씨는 "지구상에서 하늘과 통하는 가장 좋은 첫째 자리라고 해서 '갑비고차'라고 했다"고 설명한다. 강화성을 쌓을 때 부른 '지경소리'가 있다.

> "갑구지 나루건너 강화에 당도하니 고려산이 명산이라.
> 고려산 낙맥이 뚝 떨어져 이 자리가 제일 명당, 장수봉이
> 비쳤으니 승승장구 이 자리요, 문필봉이 비쳤으니 문화
> 유적 풍부하다. 노적봉이 비쳤으니 군량미가 남아돈다.
> 이 자리에 성터 잡아 성터지경을 다져보세. 이 자리에 성
> 을 쌓아 오랑캐 침략 물리치고, 국태민안 시화연풍. 나라
> 에는 충성하고, 부모에게 효도하고, 삼천리 금수강산 대
> 대손손 물려주세."

갑구지(甲串) 나루는 김포 쪽 육지에서 강화로 들어오는 첫 번째 관문이다. 강화군 강화읍에 있는 갑곶리는 '으뜸 곶'이라는 의미를 지닌다. 곶은 지리적으로 육지와 바다가 만나는 깎아지른 절벽이다. '송곶 곶(串)'자의 의미는 하늘과 태양과 지구가 서로 통하는 자리다. 강화주민은 하늘과 태양과 지구가 서로 통하는 곳에서 '지경소리'를 부르며 나라에 충성하고 국태민안 이루어 대대손손 물려주자고 노래하고 있다.

고고(孤高)한 마니산

강화도는 하늘과 주고받는 자력의 힘이 강해서 마니산을 중심으로 밀물과 썰물의 중심이 된다고 생각한다. 실제로 강화도는 세계적으로 조수간만의 차이가 큰 대

조차(大潮差) 지역이다. 마니산 앞에 동막 갯벌이 펼쳐져 있는데 강화갯벌은 세계 5대 갯벌에 속할 만큼 넓은 진흙갯벌이 하루에 2번씩 밀물과 썰물에 의해 드러났다가 물속으로 사라진다. 강화주민은 이러한 자연현상을 매일 바라보면서 강화도가 하늘과 주고받는 힘이 강한 것으로 인식한다.

강화에서 제일 높은 산 마니산(472m)은 강과 바다가 만나는 곳이고, 별도로 떨어져 있어 깨끗하고 고요하여 신명(神明)의 집이 되는 고고한 산으로 인식되고 있다. 마니산, 백두산, 한라산을 삼신산(三神山)이라 하는데, 그중에서도 백두산과 한라산의 중간 지점에 있는 마니산은 하늘과 땅, 바다가 맞닿은 성산(聖山)이라고 본다.

강화도는 위도상으로 한반도의 중앙에 위치하며 서해에서 가장 큰 섬이다. 북위 33도에서 43도에 있는 우리나라의 중심 위도는 38도인데, 강화의 위도가 38도 부근이다. 강화는 한강, 임진강, 예성강 등 세 강이 서해로 흘러드는 길목에 있다. 원래 강과 바다가 만나는 해역은 민물과 바닷고기의 종류와 수량이 풍부

굿당 내 의식

외포리 굿당 내 굿거리

외포리 굿당 내부

굿당 내 상차림

해서 좋은 어장을 이룬다. 하물며 3개의 강이 바다와 만나는 강화는 바다의 염도와 수온에 변화를 주며 더욱 풍요로운 어장이 된다. 토지도 비옥해 1년 농사로 3년의 식량을 저장할 수 있다.

성산 마니산 줄기가 옆으로 뻗어 내려오다가 다시 솟아올라 세 봉우리를 형성하는데, 바로 정족산(鼎足山)이다. 정족산은 세 개의 산봉우리가 마치 세 발 달린 솥처럼 되어있다고 붙여진 이름이다. 정족산의 삼랑성(三郎城)은 단군이 세 아들 부소, 부우, 부여를 시켜 쌓았다는 성이다. 단군이 세 아들에게 세 봉우리를 연결하여 하나의 성을 쌓게 한 것은 셋이서 힘을 합해 하나의 성으로 만들어 크고 견고한 성을 만들었다는 의미가 담겼다. 형제와 같이 합심하면 큰 힘을 발휘할 수 있다는 교훈을 삼랑성이 항상 그 자리에서 보여주고 있다.

함께 놀면서 즐겁게 살아온 지혜

강화의 '액막이 노래'는 매월 행하던 세시풍속을 알려준다.

> "1월에는 액막이연 날리고, 2월에는 쥐불놀이하고, 3월에는 화전놀이, 4월에는 연등놀이, 5월 단오에 그네타기, 6월 유두에 비강천둥, 7월 칠석에 견우직녀로 막아내고, 8월 추석에 송편 속에 꾸려내고, 9월 9일에 비만머리로 막아내고, 10월 상달에 고사반으로 막아내고, 동지에는 팥죽으로 막아내고, 섣달그믐날에는 가래 편 떡으로 막아내자."

액(厄)은 고통을 주는 모질고 사나운 운수다. 매월 함께 모여서 즐거운 놀이를 하다 보면 큰 갈등이나 나쁜 일을 미리 막을 수 있다. 또 다른 액막이 노래도 있다.

"정월 한 달 드는 홍수는 대보름날 오곡잡밥으로 막아내고, 이월에 드는 홍수는 한식날에 편떡으로 막아내고, 삼월에 드는 홍수는 삼진날에 쑥절편으로 막아내고, 사월에 드는 홍수는 초파일에 석가여래 은덕으로 막아내고, 오월에 드는 홍수는 단옷날에 그네뛰기로 막아내고, 유월에 드는 홍수는 유두일에 오방지신이 유두떡으로 막아내고, 칠월에 드는 홍수는 칠석날에 견우직녀가 막아내고, 팔월에 드는 홍수는 한가위에 신곡 차례 송편으로 막아내고, 구월에 드는 홍수는 구일날에 찹쌀 편 떡 제비초리에 날려내고, 시월 한 달 드는 홍수는 동짓날에 동지팥죽으로 막아내고, 섣달 한 달 드는 홍수는 납향날로 막아주자."

홍수는 갑자기 닥치는 뜻밖의 운수인 횡수(橫數)의 사투리다. 강화주민은 갑자기 닥치는 놀라운 일을 미리 방지하기 위해 매월 모여서 제철에 나는 농산물로 맛있는 음식을 만들어 나누어 먹으며 함께 놀았다. 즐겁게 놀면서 갈등을 예방하는 지혜로운 생활문화를 만들어 왔다. ⎍⎍⎍

글. 최호승(불광출판사 편집차장)

천주가 처음 찾은 섬, 강화

● 대한성공회의 '사진으로 보는 대한성공회 약사',
『조선일보』 김한수 기자의 연재 '오마이갓'의
'선상세례·돌림자 신앙·한옥성당…130년 전
강화도 선교는 달랐다', 한국문화원연합회에 실린
「'깨달음의 배'와 '구원의 방주'가 만나다–성공회
강화성당」(양훈도)과 「주민들이 직접 지은 한옥 성당,
강화 온수리 성당」(백진영)을 참조했음을 미리 밝힌다.

강화도에는 여러 종교가 갈등 없이 서로를 배려하며 공존하고 있다. 강화도에 가장 먼저 기독교가 전파된 후 근대 교육이 이뤄지고 강한 신앙 공동체 의식이 생겼지만, 전통 신앙과 무속 의식이 사라진 것은 아니다. 유구한 역사를 지닌 전등사, 보문사, 정수사 등 사찰들을 중심으로 민간에서는 불교 신앙이 건재했고, 외포리 곶창굿 등 무속도 명맥을 이어오고 있다. 고려의 강도시기 전부터 뿌리내린 불교는 물론 토속신앙과 무속, 근대 문물 도입 전후로 들어온 기독교가 강화도의 삶을 보듬으며 지금에 이르고 있다.

성공회의 거점, 강화도

성공회가 우리나라에 처음 상륙한 시기는 1890년이다. 영국 성공회가 파견한 고요한(대한성공회 초대주교) 주교가 1890년 9월 29일 인천 제물포 땅에 발을 디딘 것이다. 하지만 첫 조선인 성공회 신자는 강화도 주민이었다. 선교 7년 만이자 강화 갑곶나루에서 의료선교를 시작한 지 3년만인 1897년, 영국인 사제 조마가(Mark N. Troollope)가 강화도 사람 김희준에게 '마가(Mark)'라는 세례명을 내렸다.

당시 강화도 주민들은 외국인 트라우마가 강했지만, 영국인에게는 상대적으로 우호적이었다고 한다. 프랑스인이 침입한 병인양요(1866)와 미국인과 싸웠던 신미양요(1871)를 겪었으니 짐작하고도 남는다. 그래서 감리교의 선교사들은 강화를 관리하던 강화유수에게 퇴짜를 맞지만, 영국의 성공회와 강화도 주민과의 대면은 부드러웠다고 전한다.

실제 조선은 강화도에 해군사관학교 격인 조선수사해방학당(朝鮮水師海防學堂), 즉 통제영학당을 설립하면서 영국인을 교관으로 초청했다. 영국은 교관 2명을 파견했는데, 이때 통역 겸 영어교사였던 허친슨이 성공회 신자였다. 학교는 청일전쟁을 이긴 일본의 요구로 1년 만에 폐소됐지만, 성공회는 강화도를 기점으로 퍼져나갔다.

조마가 신부는 해군 장교들이 쓰던 강화읍 동문 근처의 집을 선교 근거지로

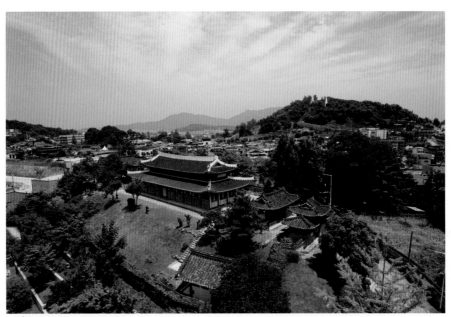

1900년 완공된 강화성당
위에서 보면 마치 배 모양을 닮았는데 반야용선 사상을 반영했다는 해석이 있다. ⓒ강화군청

세례대에는 '다시 태어나는 샘'이라는 뜻의 '重生之天(중생지천)', '수양하고 마음을 닦으며 악을 멀리하고
착한 일을 행하라'는 '修己洗心巨嶽作善(수기세심거악작선)'이라는 글씨가 새겨져 있다. ⓒ문화재청

삼고 땅을 알아보고 있었다. 숙소에서 멀지 않은 곳에 성당을 지을 생각이었다. 1899년 견자산 언덕의 부지 700평을 마련한 신부는 조선인에게 친숙한 건축양식으로 성당을 지었고, 강화도에 성공회를 뿌리내리게 했다.

훗날 대한성공회 3대 주교가 되는 조마가 신부는 불교에 조예가 깊었고, 1917년에는 아예 불교 관련 논문도 발표했다고 한다. 아무튼 조마가 신부는 선교 초기부터 토착화에 깊은 관심을 쏟았는데, 이는 극단을 지양하고 중용의 신앙을 추구하는 성공회의 오랜 전통이다.

한옥으로 지은 강화성당, 온수리 성당

성공회의 오랜 전통을 따른 토착화의 모범은 강화도에서 드러났다. 성당을 한옥으로 지었는데, 마치 사찰 전각 형태를 하고 있다. 조선인에게 친숙한 건축양식으로 성당을 지었고, 이 성당이 바로 강화성당과 온수리 성당이다.

목재는 어떻게 구했을까? 이미 20년 전 경복궁 중건 때 흥선대원군이 사찰 전각의 목재까지 끌어다 쓸 정도로 웬만한 목재는 구하기 어려웠다. 그래서 조마가 신부와 고요한 주교는 백두산에서 채벌한 목재를 압록강을 통해 강화도까지 들여왔다고 한다. 우여곡절 끝에 1900년(광무4), 강화성당이 완공됐다.

하늘에서 강화성당을 내려다보면 전체 배치와 본당이 마치 배를 연상케 한다. 배와 어부가 많은 강화도 주민들에게 친근하게 다가가기 위한 형태라는 말도 있고, 해양국가 영국을 상징한다는 설도 있다. 하지만 불교의 반야용선 사상을 반영했다는 설명이 가장 그럴듯하다고.

중생이 반야의 지혜에 의지하며 극락정토로 향하는 바다를 건널 때 타는 배가 반야용선(般若龍船)이다. 반야용선 사상에 익숙한 조선인들에게 '구원의 방주' 개념을 쉽게 받아들이도록 배 모양처럼 성당을 지었다는 해석이다. 강화성당 곳곳에 연꽃 문양과 십자가 문양이 있는 것도 같은 맥락인 셈이다.

성당 구조를 살펴보면 이해가 쉽다. 강화성당(사적 424호)은 40칸짜리 한옥이다. 정면에는 사찰 전각 어디에나 걸린 주련을 떠올리게 하는 글귀들이 걸렸다. 범종각처럼 종각도 있고 종도 범종 같지만, 무늬는 십자가 문양이 새겨졌다. 종은 일제강점기에 공출당했고, 현재 종은 1989년 새로 조성해 달았다고 한다.

사찰과 유사한 한옥 양식이지만, 일반 한옥과는 꼴이 약간 다르다. '天主聖殿(천주성전)' 편액이 걸린 4칸짜리 옆면에 정문을 냈다. 법당에 들어가면 정면에 삼존불과 후불탱화 등이 가로로 넓게 한눈에 들어오지만, 강화성당은 서양 성당처럼 좌우로 긴 복도 구조다. 그래서 옆으로 길쭉한 형태다.

입구 앞 세례대(등록문화재 705호)에는 '다시 태어나는 샘'이라는 뜻의 '重生之天(중생지천)', '수양하고 마음을 닦으며 악을 멀리하고 착한 일을 행하라'는 '修己洗心巨嶽作善(수기세심거악작선)'이라는 글씨가 새겨져 있다. 얼핏 보면 부처님 가르침 같기도 하다.

본당 뒤쪽에 한옥으로 지어진 'ㄷ' 모양의 사제관 옆에는 성미가엘신학원이 있었다는데, 1915년 이곳을 졸업한 김희준(김마가)이 한국인 최초로 성공회

얼핏 보면 사찰의 범종 같지만, 연꽃 대신 십자가가 새겨져 있다.

1900년 건축된 강화성당보다 6년 늦은 1906년에 조성된 온수리 성당 ⓒ강화군청

망루 같은 정문에는 지붕 아래 종을 매달아 사방에 그 소리가 퍼지도록 설계했다. ⓒ강화군청

신부가 됐다고 한다.

온수리 성당(인천시 문화재자료 15호, 유형문화재 52호)은 강화성당보나 6년 늦은 1906년에 세워진 한옥 성당이다. 곡선미가 있는 연꽃 모양의 십자가가 있는 온수리 성당은 주민들이 땅을 기증하고 기금을 내는 등 영국교회 지원을 받은 강화성당과는 의미가 약간 다르다. 백두산 소나무로 경복궁을 지은 목수들이 강화성당을 지었다면, 온수리 성당은 신자의 집 뒷산에서 벤 소나무로 이곳 목수들이 다듬었고, 기와 역시 강화의 흙으로 구웠다고 한다.

정문이 독특한데, 성곽의 망루 같은 정문에는 지붕 아래 종을 매달아 사방으로 그 소리가 퍼져나가게 설계됐다. 이 종 역시 일제강점기 때 공출됐다. 한옥 본당은 강화성당과 같이 가로로 긴 형태이며, 사제관도 옆에 자리했다.

이렇게 살펴보면 강화도는 어쩌면 천주가 처음 찾은 섬이 된다. 성공회 신자가 처음 탄생한 곳도 강화도였다. 성공회는 한옥으로 지은 성당으로 유교문화와 불교문화에 익숙한 강화 주민들을 배려하면서 강화도에 자리했다. 반야용선 사상을 닮은 성당의 모양, 마음을 닦으며 악을 멀리하고 선을 지으라는 천주의 가르침 역시 뿌리 깊은 불교와 닮아서일까. 그래서 천주의 가르침을 퍼뜨린 성공회와 유구한 세월 뿌리내린 불교가 서로를 배려하며 강화 주민들 마음에 깊이 자리하고 있는 것은 아닐까? ┌┐┌┐

땅의 길

글. 이성수(강화역사문화연구소 연구원)

역사의 섬, 초지진부터 연무당까지

서울 땅덩이의 절반 크기, 강화도. 넓다면 넓고 좁다면 좁은 섬이다. 사람 사는 데가 다 거기서 거기지, 강화라고 뭐 특별할 게 있겠나. 그렇지. 다 거기서 거기지. 하지만, 역사 쪽으로 눈을 돌리면 강화도가 단박에 특별해진다. 도대체가 없는 게 없다. 저 아득한 선사시대부터 근대에 이르기까지 치열한 삶의 흔적이 곳곳에 남아 있다. 굵직한 사건이 일어나고 또 일어났던, 역사의 현장이다. 자, 이제 돌아보러 나서자. 근대 시기로 한정해서 나서는 역사 탐방길이다.

초지진·덕진진·광성보

지금부터 150여 년 전, 미군이 강화도를 침공했다. 신미양요(1871)다. 그들이 상륙한 곳이 바로 초지진(草芝鎭)이다. 초지진을 점령한 미군은 육로로 이동해서 덕진진(德津鎭)마저 무너트린다. 그리고 이른 곳이 마지막 전투지 광성보(廣城堡)다.

조선 후기에 강화도 해안을 빙 둘러 해안 경계 부대를 설치했다. 초지진, 덕진진, 광성보를 비롯해 모두 12개의 진(鎭, 군사적으로 중요한 지점에 둔 군영)과 보(堡, 흙과 돌로 쌓은 작은 성)가 섰다. 시기에 따라 변동이 있지만, 보통 '5진 7보'로 말한다. 처음 설치한 이는 북벌론을 주도했던 효종이다.

병자호란(1636~1637) 그때 인조와 소현세자는 남한산성에, 봉림대군은 강화도에 있었다. 봉림대군은 청나라 군대가 강화도를 점령하는 모진 상황을 고스란히 지켜봤다. 강화도 방비 시설 구축의 필요성을 절감했다. 효종으로 즉위하고 진·보를 설치하기 시작했다. 초지진이 강화 땅에 들어선 것은 1655년(효종 6)이다.

진은 첨절제사(종3품)나 동첨절제사(종4품) 또는 만호(종4품)가 우두머리였다. 첨절제사와 동첨절제사를 약칭해서 첨사라고 부른다. 보는 진보다 격이 낮아서 주로 별장(종9품)이 통솔했다. 각각의 진과 보는 돈대(墩臺)라는 이름의 해안 초소를 2~5개씩 운영했다. 관측시설이자 방어시설인 돈대를 위에서 내려다보면, '○' 이나 '▭' 모양이 대부분인데 '⌓' 이런 형태도 있다. 동서남북 해안을 빙 둘러 54개 돈대가 설치됐다. 강화도 남쪽 해안과 서쪽 해안에 경관이 특히 아름다운 돈대들

초지돈대

초지진은 강화의 해안 경계 부대인
12진보(鎭堡) 가운데 하나로 초지돈대,
장자평돈대, 섬암돈대를 맡아 지휘했다.
1871년(고종 8) 신미양요 때 미군과
충돌했던 격전지다. 1875년(고종 12)
일본 운요호 사건 때 상륙을 시도하는
일본군과 치열한 전투를 벌인 곳이다.
일본이 조선을 힘으로 개항시키기 위해서
파견했던 운요호의 침공은 1876년(고종
13년) 강압적인 강화도 수호조약으로
이어졌다. 그 뒤 허물어져 돈대의 터와
성의 기초만 남아 있었으나 1973년
복원했다. 정비된 초지돈대 안에는 대포가
전시돼 있다. 돈대 옆 소나무에는 운요호
사건 때 포탄에 맞은 흔적이 그대로 남아
있다.

이 여럿 있다.

근데, 초지진이 해안 경계 부대라고? 무슨 부대 건물이 이렇게 생겼지? 당연한 의문이다. 사실 말이지만, 우리가 지금 만나는 초지진은 이름을 잘못 붙였다. 초지진이 아니라 초지진에 속한 돈대들 가운데 하나인 초지돈대다. 나무와 흙으로 지은 진사(鎭舍)는 사라지고 돌로 쌓은 돈대만 남은 것이다.

초지돈대 안에서 바다를 본다. 물 건너 김포 대명항이 보이고 아래로는 초지대교가 떠 있다. 신미양요를 겪고 4년 뒤, 이곳에 외적이 또 나타난 적이 있었다. 일본 군함 운요호다. 일본군은 초지진 상륙을 기도하며 함포를 쏘아댔다. 초지진을 지키는 조선군은 일본군의 포격에 물러서지 않았다. 맞서 포를 쏘며 뜨겁게 싸웠다. 1박 2일 덤벼들던 일본군은 상륙을 포기하고 물러갔다. 1875년 운요호 사건)이다. 일본군이 초지진을 점령했다는 둥, 강화에서 수많은 조선군이 끌려갔다는 둥, 이야기가 널리 퍼져있으나 사실이 아니다. 일본군은 초지진에 상륙조차 하지 못했다.

덕진진으로 간다. 여기는 설립 시기가 좀 애매하다. 공식적으로 진이 된 것은 1677년(숙종)이다. 코스가 공조루에서 남장포대, 덕진돈대로 이어진다. 문루에 걸린 현판 '控潮樓(공조루)', 글씨체가 너무 어렵다. 도무지 읽을 수가 없다. 그래도 기죽지 말자. 척척 읽는 사람은 드물다.

강화도에 복원된 포대들 가운데 제일 큰 남장포대. 웅장한 대포 여러 기가 바다를 노려보고 있다. 아이들은 궁금한 게 많다. "이거 진짜야?" 물으면 복제품이라고 알려주시라. 야외에 설치된 강화의 대포들 가운데 초지진과 강화전쟁박물관(갑곶돈대) 포각(砲閣)에 있는 것만 진품이다.

반듯한 사각 형태 덕진돈대는 포좌 배치가 여느 돈대들과 다르다. 돈대마다 포 쏘는 공간인 포좌를 서너 개 갖추고 있는데 서로 뚝 떨어져 있다. 그런데 덕진돈대 포좌는 쌍알처럼 둘씩 붙어있어서 이채롭다. 한 번 확인해보시길 바란다.

여기서 끝, 대개 돌아들 나오게 되는데 그러지 말고 돈대 뒤편으로 가 보자.

귀한 비석이 숨어있다. 1970년대 복원 공사 과정에서 발견했다고 한다. 땅속에 묻혔던 것을 다시 세운 것이다. 홍선대원군이 세우게 했다는 이 비를 보통 '경고비'라고 부른다. 뭘 경고한다는 말인가? 비문을 보자. "海門防守他國船愼勿過(해문방수타국선신물과)"라고 새겼다. "바다 문을 막아 지키니, 다른 나라 배는 삼가 지나가지 말라"는 뜻이다.

번잡한 곳 피해 혼자만의 시간을 갖고 싶다면 덕진진을 산책하시라. 초지진이나 광성보와 분위기가 다르다. 바람에 머리카락 흐트러지면 어떠하랴. 돈대 옆 소나무밭에서 스마트폰 들어 찰칵, 셀카도 찍어보고, 돈대 층계에 걸터앉아 신미양요 때 미군함에서 쏘아대는 포격 소리도 마음으로 들어보시라. 싱거워 보인다고? 그럼 어떤가, 괜찮다. 늘 남을 의식하며 살 필요는 없다.

이제 광성보다. 1658년(효종 9)쯤에 설치됐다. 문루, 안해루(按海樓)에서 바닷바람 흐르는 숲길을 오르면 쌍충비각을 만난다. 쌍충(雙忠), 두 명의 충신은 어재연과 어재순 형제. 신미양요 당시 어재연 장군이 진무중군으로 임명받아 광성보로 왔다. 결전을 준비하던 어느 날, 고향에 있을 아우 어재순이 불쑥 나타났다. 어재연이 "왜 왔느냐" 물었더니, "형님과 함께 싸우러 왔다"고 한다. 형은 동생을 타일러 보내려고 했다. "너는 시골 선비일 뿐이다. 처지가 나와 다르니 돌아가거라!"

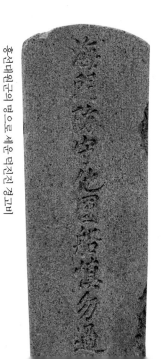

91

땅의 길

홍선대원군이 명으로 세운 덕진진 경고비

어재연은, 동생만큼은 살리고 싶었다. 살아서, 남은 가족을 돌봐줬으면, 했을 것이다. 어재순의 대답은 이러했다. "형님을 사지(死地)에 두고 저 혼자 사는 것은 의(義)가 아닙니다." 이어진 동생의 물음. "나라 지키는 데 신하와 백성을 구분해야 합니까?"

형은 아우를 보내지 못했다. 형제는 함께 싸우다 함께 전사했다. 쌍충비각 안에 모신 형제의 순절비에 '형은 나라 위해 죽고, 아우는 형을 위해 죽으

德津鎮

92

나를 채우는 섬 인문학 강화도

덕진돈대

덕진진은 1679년(숙종 5)에 용두돈대와
덕진돈대를 거느리고 덕진포대와
남장포대를 관할함으로써 강화해협에서
가장 강력한 포대로 알려져 있다.
1866년(고종 3) 병인양요 때 양헌수의
군대가 덕진진을 거쳐 정족산성으로
들어가 프랑스 군대를 격파했다.
1871년(고종 8) 신미양요 때는 미국 함대와
포격전을 벌인 곳이다. 1976년 성곽과
돈대를 고치고 남장포대도 고쳐 쌓았으며,
문루인 공조루의 누각, 당시의 대포를
복원해 설치했다.

용두돈대

광성돈대

안해루

신미양요 순국 무명용사비

손돌목돈대

니[兄死於國 弟死於兄(형사어국 제사어형)]'라고 새겼다. 2022년에 어재연 사당, 충장사(忠壯祠)가 광성보 인근에 건립되었다.

쌍충비각 옆으로 신미양요 순국 무명용사비(辛未洋擾殉國無名勇士碑)가 있다. 1978년에 세웠다. 현대의 비이지만, 존재 가치가 있다. 이 나라 5,000년 역사를 지켜낸 이는 을지문덕, 강감찬, 이순신만이 아니다. 기꺼이 목숨 바쳐 싸운 무명의 용사들, 보통 백성들, 수많은 우리의 할아버지가 진정한 주인공이다.

광성보 격전의 현장, 손돌목돈대에 왔다. 54개 돈대 중 48개 돈대가 1679년(숙종 5)에 건립됐는데 그중 하나가 손석항돈(孫石項墩)이다. 우리는 손돌목돈대라고 부른다. 전투 직후 미군이 여기서 찍어 남긴 사진들을 통해 그때의 처절함을 엿볼 수 있다. 돈대 안으로 들어간다. 텅 빈 원형의 공간. 깔끔한 잔디 밑으로 스민 조선군의 피와 눈물 그리고 절규….

그날 어재연이 지휘하는 조선군은 손돌목돈대에 참호를 파고 끔찍한 포격을 견뎌냈다. 미군 기록에 따르면, 돈대 안에서 조선군이 부르는 구슬픈 노랫소리가 들렸다. 처한 상황에 따라, 다 같이 부르는 노래는 두려움을 잊게 하고 투쟁 의지를 돋운다.

포격이 멈추자 돌격하는 미군, 맞서는 조선군. 마지막은 백병전이다. 조선군은 싸우다 싸우다 그렇게 죽어갔다. 만신창이가 되어 쓰러진 몸, 그래도 흙을 긁어 미군 눈에 뿌리며 마지막까지 어떻게든 저항했다. 스스로 목을 찌르는 병사들도 있었다. 미군은 광성보를 점령했다. 3명이 전사했다고 한다. 조선군 전사자는 기록에 따라 차이가 큰데 수십 명이라고도 하고 수백 명이라고도 한다. 어쨌든 조선군의 완패다. 그러나 미군은 환호하지 못했다. 이기고도 주눅 들었다. 숨이 끊어지는 순간까지 저항하는 조선군에게 질렸다. 때리는 사람이 오히려 맞는 사람에게 두려움을 느끼는 격이었다.

이런 전쟁 저런 전쟁 다 경험한 미군이지만, 조국을 위해 가족을 위해 이렇게 처절하게 맞서는 사람들을 처음 봤다고 했다. 결국, 미군은 강화도에서 철수했다.

조선을 개항시키려는 계획을 내동댕이치고 물러갔다.

손돌목돈대에서 내리막길 따라 걸으면 바다와 맞닿은 용두돈대에 이른다. 용두돈대 앞바다가 손돌목이다. 못난 임금 살리고 억울한 죽임을 당한 뱃사공 손돌의 전설이 흐르는 곳이다. 신미양요 당시 몸 던진 조선군 시신이 수없이 떠 있던 곳이기도 하다. 그때 손돌목은 핏빛 바다였다.

고려궁지

이제 해안도로 따라 조금 달려보자. 강화 읍내로 간다. 광성보에서 북쪽으로 13km정도다. 아쉽지만, 강화전쟁박물관은 그냥 통과한다. 박물관에 미군이 광성보에서 탈취해 갔던 대형 수자기(복제품)와 조선 병사들이 입었던 면갑옷(복제품)이 있다. 2007년에 장기 대여 형식으로 돌아온 수자기(帥字旗) 진품은 강화의 박물관 수장고에 모셨다. 찾아가 볼 만한 가치가 있는 곳이다.

우리가 지금 가는 곳은 고려궁지다. 도착 직전, 성공회성당이 보인다. 1900년에 완공했으니 100년이 훨씬 넘었다. 서양 종교 성당을 절집 닮은 기와집으로 올렸다. 더해서 안마당에서는 높다란 보리수가 자란다. 흉내가 아니라 조화요, 포용이다. 생각해보니 성공회가 불교와 닮은 구석이 있는 것 같다.

자, 고려궁지다. '고려궁지'의 '지'는 '터 지(址)'자다. 대몽항쟁기 고려궁궐이 있던 터의 일부다. 그 터에 조선과 연관되는 건물 몇 채가 자리를 잡았다. 그 가운데 명위헌(明威軒)과 외규장각(外奎章閣)을 보자.

조선을 침략한 첫 번째 서양 나라는 미국이 아니다. 그들보다 5년 앞서 프랑스가 강화도로 쳐들어왔다. 병인양요(1866)다. 그때, 외적에 맞서 싸워야 할 강화유수는 바로 도망갔다. 도망가다 붙잡힐까 봐, 일반 백성 옷으로 갈아입고 달아났다고 한다. 프랑스군이 어렵지 않게 읍내를 점령했다. 전투에서 지는 것은 부끄러운 게 아니다. 어떻게 지느냐가 문제다.

대략 한 달 동안 읍내를 장악하고 있던 프랑스군이 정족산성에서 양헌수가

고려궁지 안 외규장각

고려궁지 안 강화부종각

강화역사박물관 강화동종

연무당 옛터

나를 채우는 섬 인문학 강화도

이끄는 조선군에게 참패(1908년, 이능권이 지휘한 강화의 항일의병도 정족산성에서 일본군을 격파)한다. 혼비백산 읍내로 퇴각한 프랑스군은 바로 짐 꾸려 강화에서 철수한다. 그냥 가면 좋았을 것을, 그냥 가지 않았다. 당시 고려궁지에는 조선 행궁과 외규장각 그리고 왕실 사당 등 건물이 즐비했다. 그걸 깡그리 불태우고 갔다. 심지어 고려궁지 아래 민가까지 불 질렀다. 강화 읍내는 온통 불바다였다.

병인양요가 끝나고 객사와 동헌만 새로 지었다. 일제강점기에도 존재했던 객사가 지금은 없다. 다행히 동헌은 남았다. 명위헌이 바로 강화유수가 집무하던 동헌이다. 1970년대 초에는 명위헌이 강화군립도서관이었다. 그때는, 그랬다.

외규장각은 근래에 새로 복원한 것이다. 정조가 한양 궁궐에 규장각을 설치하고 강화도에는 외규장각을 두어 왕실의 주요 책 등을 보관하게 했었다. 프랑스군은 외규장각을 불태우기 전에 그 안에 있던 책들을 살폈다. 수천 권 귀한 책 가운데 의궤 수백 권을 미리 빼내 두었다가 가져갔다. 한국과 프랑스의 오랜 협상 끝에 2011년에 의궤가 돌아왔다. 그런데

'영구 대여' 형식이다. '영구'와 '대여'가 붙어 한 단어가 될 줄은 몰랐다.

연무당 옛터

강화산성 서문으로 향한다. 강화산성은 1711년(숙종 37)에 완공됐다. 서문 바로 안쪽에 연무당 옛터가 있다. 숙종이 강화에 설치한 군영이 진무영이다. 연무당(鍊武堂)은 진무영 소속 군인들의 훈련장이다. 서문 안에 연무당을 지은 것은 1870년(고종 7)이다. 지금, 건물은 사라지고 빈터에 커다란 표지석만 서 있다.

신미양요를 겪고 5년이 흐른 1876년(고종 13), 여기 연무당에서 일본과 강화도조약을 맺었다. 강화도조약은 조일수호조규, 병자수호조약 등으로 불린다. 이제 조선의 문이 열린다. 개항이다.

알려진 대로 강화도조약은 우리나라 최초의 근대적 조약이며 조선에 불리한 불평등조약이다. 그런데 오해가 좀 있다. 조선 대표단이 일본의 군사 위협에 겁먹고 벌벌 떨면서, 일본 측이 요구하는 대로 무조건 도장 꽝꽝, 조약을 맺은 것으로 여기는 경향이 강하다. 그렇지 않았다. 일본군의 치졸한 위협이 있었으나 조선 대표단은 굴하지 않았다. 신헌을 대표로 한 조선 교섭단은 약 한 달 동안 일본 측과 밀고 당기며 조약안을 수정하고 다듬었다. 근대적 조약에 대한 이해가 부족해서 실리를 제대로 취하지 못했으나 나라의 자존심과 명분만은 지키려고 노력을 다했다. 우리 눈에 대단히 불만족스럽게 보이는 조약이지만, 그 안에 조선 사람들의 고뇌와 땀이 배어 있는 것도 사실이다.

역사 학습의 주요 목적 가운데 하나가 비판 의식을 기르는 것이라고 한다. 역사에 대한 비판적 시각은 꼭 필요하다. 다만, 때로는, 지금 우리의 시선이 아니라 당시 그때 그 사람들의 심정이 되어 역사를 들여다보려는 자세도 필요하다. ᴨᴨᴨ

글. 강호선(성신여대 사학과 교수)

개경과 승속을 잇던 사찰들

개경을 계승한 강도

1232년(고종 19) 음력 2월 고려 조정은 본격적으로 천도를 논의했다. 이미 몇 달 전부터 몽골군이 개경성 밖에 진을 치고 흥왕사를 공격했고 광주, 충주, 청주 등 남쪽으로 몽골군이 진격하며 전황이 심각하게 돌아가고 있었다. 위급한 상황 속에 도읍을 옮길 것인가 아니면 개경을 지킬 것인가를 두고 조정에서는 격렬한 논의가 이어졌고, 음력 6월 최우는 강화도 천도를 결정했다.

강화천도는 몽골과 계속 싸우겠다는 정책에 따른 것이기도 했지만. 당시 최고 권력자이던 최우의 강력한 의지에 따라 조정 내의 반대 여론에도 결행됐다. 바로 다음 달인 음력 7월 6일, 장대 같은 장맛비 속에 개경을 떠난 고종은 다음날 강화도에 들어갔다. 이로부터 개경으로 환도한 1270년(원종 11)까지 강화도는 고려의 수도였다. 강화천도 시기에 고려 사람들은 강화도를 강도(江都)라고 불렀고, 개경은 구도(舊都)라고 했다. 강화도에는 도성에 필요한 여러 시설이 만들어졌다. 우선 궁궐과 성곽이 들어섰고, 관청과 절, 종묘도 지었다. 개경에서 들어온 관료들을 비롯한 피난민들도 각자의 살 집을 마련하기 시작했다.

강도는 떠나온 도읍 개경을 모델로 한 곳이었다. "구정(毬庭)과 궁전, 사사(寺社) 등의 이름은 모두 송도(松都, 개경)의 것을 따랐다. 팔관회, 연등회, 행향도량(行香道場)은 하나같이 옛 법식을 따랐다"는 『고려사』의 기록처럼 강도에는 개경과 같은 절이 세워졌고, 개경에서의 국가적인 불교 의례도 그대로 개최하고자 했다. 강도를 운영하는 데 있어 실제 지형의 차이, 전시라는 시대적 상황 탓에 개경의 구조를 그대로 모방하기는 어려웠다.

그런데도 강도를 건설하고 운영하는 데에는 개경에서의 경험이 깊이 반영됐다. 강도로 옮겨간 고려 조정은 개경을 잇고 있으며 왕정의 수도로서의 권위도 온전히 계승하고 있음을 표방했고, 이러한 모습은 사찰과 불교 의례에서도 잘 드러난다.

강도에 지은 여러 절

고려 조정은 천도 직후 궁궐과 성곽 등 주요 시설을 건설했다. 그중에는 봉은사가 포함돼 있었다. 개경의 봉은사는 태조진전이 있어 고려 조정과 왕실에서 가장 중요하게 생각했던 절이었다. 진전(眞殿)이란 선대 국왕이나 왕비의 초상화나 상을 봉안하고 제사를 지내는 건물이며, 진전을 둔 절을 진전사원이라 한다. 고려에서는 광종이 아버지 태조 왕건의 진전사원으로 봉은사를 창건한 이래 국왕과 왕비의 진전사원을 운영했다. 특히 봉은사의 태조진전은 고려 국왕의 정통성 및 태조 신앙과 관련해 각별한 의미가 있는 국가적인 성소였다.

매년 음력 2월 14~15일 이틀간 열리던 상원연등회는 고려의 가장 중요한 국가적인 행사였다. 이틀간 개최되는 상원연등회에서 국왕이 봉은사 태조진전에 행차해 태조에게 제사를 지내고 돌아오는 순서는 의식의 하이라이트였다. 고려의 상원연등회는 태조의 유훈인 훈요(訓要)에 따라 거행되는 국가 의례로 태조를 기리며 국왕의 정통성을 보여주는 의식이었다. 그런 점에서 강화도 천도 후 봉은사 건설은 다른 어떤 절보다도 우선될 수밖에 없었다.

1234년(고종 21) 음력 2월 14일 강도로 천도한 이후 처음으로 상원연등회를 개최하면서 고종이 봉은사 태조진전으로 행차했다. 천도 이후 국왕의 첫 사찰 행차였다. 강도에서의 봉은사에 창건에 대해 『고려사』에는 이미 세상을 떠난, 차척(車㑘)이라는 관료의 집을 봉은사로 삼고 왕이 행차할 수 있도록 민가를 철거해 길을 넓혔다

나를 채우는 섬 인문학 강화도

『고려사』 권23 21년 2월 14일 계미 기사 중 "구정과 궁전, 사사 등의 이름은 모두 송도의 것을 따랐다"는 부분, 서울대 규장각한국학연구원 소장

고 했다. 이어 이듬해에는 법왕사를 짓고 음력 11월 14일 중동팔관회일에 법왕사로 행차했다.

천도 초기 고려의 가장 중요한 국가 의례인 상원연등회와 중동팔관회의 의례 절차에서 꼭 필요한 절인 봉은사와 법왕사가 조성된 이래 현성사, 왕륜사, 묘통사, 복령사, 건성사, 외제석원, 묘지사, 흥국사, 자운사 등이 세워졌다. 모두 개경에 있던 절이었다. 다만 개경에 있던 주요 사찰을 전부 옮겨올 수는 없었다. 전쟁이라는 상황과 현재 국왕이 고종이라는 점 등 현실을 반영해 일부 사찰만 선택했고, 절을 짓는 데도 오랜 기간이 걸렸다. 강도에는 개경에서 고종이 자주 행차하던 사찰, 전쟁과 관련된 불교 의례가 열리던 절이 주로 조성됐다. 그래서 현화사나 국청사 같은 종파를 대표하는 사찰이나 역대 국왕의 진전사원 혹은 태조가 지은 절이라 할지라도 강도에 옮겨 짓지 않았다.

강화도 혈구사를 중창한 것도 강도시기라는 시대적 상황에 따른 것이었다. 고종 당대의 풍수가였던 백승현(白勝賢)의 주장에 따라 왕업을 연장하기 위해 원래부터 강화도에 있던 절인 혈구사를 크게 중창하고 밀교도량인 대일왕도량(大日王道場)을 열었다. 이처럼 강도에 운영된 절은 국가와 왕실을 위한 도량이었고, 무엇보다 외적의 침입을 물리치고 나라를 보호하기 위한 불

금동탄생불, 고려시대, 높이 25.8cm, 국립중앙박물관 소장
인천 강화에서 출토된 가늘고 긴 신체가 특징인 고려시대 탄생불이다.

합천 해인사 대장경판(국보), 고려시대, 해인사 소장

교 의례를 개최하던 절이었다는 공통점을 갖고 있다. 이는 강도 사찰의 특징을 보여준다.

한편, 국왕을 능가하는 당대 최고 권력인 최씨 무인정권의 압도적인 위세를 보여주는 사찰이 강도에서 창건된 것도 주목된다. 개경에서 고종과 밀접한 관련이 있던 사찰을 강도로 옮겨왔듯이, 1249년(고종 36) 최우는 자신의 아버지 최충헌이 개경에서 중수했던 원찰 창복사를 강도에 다시 세웠다. 이보다 앞서 1246년(고종 33)에는 자신의 원찰로 선원사도 새로 지었다.

이 두 사찰은 최씨 집안의 원찰이었다. 그런데도 국가나 왕실 사원에 준하는 규모와 위상을 가지고 있었다. 최우가 죽자 창복사에는 최충헌의 진영을, 선원사에는 최우의 진영을 뒀는데 이때의 행사가 태조의 어진을 옮기는 것과 같았다고 할 정도로 이 두 절은 왕실의 진전사원을 능가했다. 또한 수선사의 별원처럼 운영된 선원사는 강화천도기 최씨정권과 수선사의 긴밀한 관계를 보여주는 강도의 불교를 대표하는 사찰이었다.

계속되는 일상 신앙과 승속 교류

개경에서 강도로 삶의 터전을 옮겨온 관료들의 신앙활동과 관료-승려의 교류는 강도에서도 계속됐다. 관료들이 원당을 운영했고, 사찰에서 세상을 떠나기도 했다. 강도시기 관료를 지낸 김중구(金中龜)는 강도에 들어온 뒤, 집 서쪽의 봉고사(鳳顧寺)를 수리했다. 1242년 100명의 선승을 맞이해 나흘간 공양하다 봉고사에서 세상을 떠났고, 강화도 남쪽에 있던 청동사(靑桐寺) 근처에서 장례를 치렀다.

국가적인 불교 의례 장소였던 복령사는 관음도량으로도 유명했는데, 강도에 살던 사람들은 복령사 관음에게 자식을 빌었다. 일연의 제자로 『삼국유사』 편찬에 참여한 고승인 보감국사(寶鑑國師) 혼구(混丘, 1251~1322)도 부모가 복령사 관음에게 기도해서 낳았다고 전한다. 원의 간섭기에 대표적인 학자이자 관료였던 권부(權溥, 1262~1346)도 부모가 복령사 수월보살상에 빌어 낳았다고 한다. 개경에서 그

렿듯 강도로 삶의 터전을 옮겨온 이들도 강도의 사찰에서 각자의 소망을 빌고 왕생을 기원하며 일상의 신앙을 이어 나갔다.

이규보(李奎報, 1168~1241)의 사례는 강도에서도 승속(僧俗)의 막역한 교유가 이어지며 고려의 불교문화가 면면히 이어졌음을 보여준다. 강도에 정착한 이규보는 개경에서처럼 『능엄경(楞嚴經)』을 외우며 승려들과 시회(詩會)를 열었다. 1238년(고종 25) 이규보를 비롯하여 은퇴한 재상 4명이 금신사에서 회동했다. 특히 1240년(고종 27)에는 승통 수기(守其)를 비롯해 쌍암사 주지 등 여러 명의 승속이 모여 시를 주고받으며 교류했다. 수기는 재조대장경 조성을 총괄하던 승려였다.

우리는 강도시기 국가적인 불사와 사찰 운영에만 주목해왔다. 그러나 강도는 사람들의 일상의 공간이기도 했다는 점을 되돌아보아야 할 것이다. 불교 신앙 역시 국가적인 위기를 극복하기 위한 목적만을 위해 존재하지 않았다. 소망을 빌고 망자의 왕생을 기원하는 일상의 신앙이 그 저변에는 면면히 흐르고 있었다.

"계책이 더 이상 나올 것이 없으니 다만 기도할 뿐"

대몽항쟁기 고려 문인 최자(崔滋)가 강도의 번성함을 노래한 「삼도부(三都賦)」에는 강도의 불교신앙도 잘 나타나 있다. 불상을 만들고 경전을 간행하며, 곳곳에 많은 절이 있음을 묘사하고 있는데, 주목할 것은 국난을 극복하기 위한 법회가 계속 열리고 있었다는 점이다.

"몇 해 전 국난으로 군신이 더욱 거듭하여 간절하게 발원하며 여러 종파를 모아 하루건너 법회를 여니 염불하고 창신하는 소리 높아 산악이 진동하고, 정수리에 향불 올리고 소지공양하는 연기 흩어져 해와 달이 빛을 잃네. 정성과 고행이 이리 지극하니 보응과 가피가 헤아릴 수 없으리."

조선 후기 강화도 지도로 전등사, 적련사, 청련사, 백련사, 혈구사 등 사찰이 표시된 『1872년 지방지도』 중 「강화부전도」, 서울대 규장각한국학연구원 소장

국난의 상황에서 정성을 기울이면 부처님의 보호를 받을 것이라는 믿음은 바로 강도에서 팔만대장경을 간행한 이유이기도 했다. 인력으로는 도저히 어찌할 수 없는 외적을 물리치기 위해서는 불보살의 도움에 의지할 수밖에 없다는 절박함, 온 정성을 다해 대장경을 판각하면 완악한 오랑캐가 물러날 것이라는 믿음…. 전쟁이라는 긴박한 상황 속에서도 막대한 비용과 노력을 들여 대장경을 간행하는 국가적인 불사를 가능케 했던 원동력이었다. "계책이 더 이상 나올 것이 없으니 다만 불우(사찰)와 신사에 기도할 뿐"이라는 1257년(고종 44) 고려 조정의 절박함은 대장경 간행뿐만 아니라 불교 의례를 통해 몽골을 물리치고자 했던 신앙으로 표출됐다.

강도로 옮겨 지은 사찰 대부분이 문두루도량(현성사), 마리지천도량(묘통사)를 비롯하여 신중도량, 나한재(보제사), 제석도량(건성사), 담선법회(보제사) 등 전쟁기 외적을 물리치고 나라가 평안하기를 바라는 법회들이 주로 열린 곳이었던 점은 대장경 간행과 함께 강화천도기 강도의 불교신앙의 성격을 잘 보여준다. 강도시기 혈구사를 중창한 목적인 국운의 연장, 즉 연기는 결국 몽골과의 전쟁에서 나라를 지킬 수 있기를 기원한 것이었다.

밀교와 관련된 불교 의례가 증가하고 강도시기 이전에는 없었던 밀교 의례가 열렸던 것도 불보살과 신중들의 힘을 빌려 나라를 지키고자 했던 호국신앙의 발로였다. 이처럼 강도에서 운영된 사찰의 중요한 역할은 개경에서처럼 수도를 장엄하는 것이었으며, "우리나라는 태조 이래로 오직 부처님의 가르침에 의존해 왔으며 그 내밀한 보호로 나라를 연장해 왔다"라는 믿음을 보여주는 것이었다. 호법이 전제된 호국불교의 모습이 강도에서의 불교에 고스란히 담겨 있었다.

그 많은 사찰은 어디에?

강도에서 운영된 사찰은 한때 고려 국가불교의 중추적인 역할을 하던 곳이었다. 몽골과의 전쟁을 극복하기 위한 호국도량이었고, 국가와 왕실의 권위 및 정통성

강화 천도 후 처음 지었다는 강화 선원사의 절터

과 관련된 곳이기도 했으며, 실질적 권력자인 최씨가문의 권세를 보여주는 곳이기도 했다. 그리고 개경에서와 같이 일상의 신앙 공간이자 관료와 승려가 교류를 나누는 곳이었다.

혈구사처럼 원래부터 강화도에 있던 절이나, 혹은 선원사처럼 천도 이후 처음으로 창건한 절은 조정이 개경으로 돌아간 이후에도 여전히 그 이름을 유지하며 강화도에 남아 있었다. 1290년(충렬왕 16) 카단(哈丹)이 이끄는 원의 반란군을 피해 충렬왕이 강화도로 피난해 선원사에 머물렀고, 여말선초 팔만대장경판을 보관하고 있던 곳도 선원사였다. 강화도 본섬뿐만 아니라 인근 섬에도 사찰이 있었다. 송가도(松家島)에 있던 보문정사(普門精舍)에는 재조대장경 인출본 3부가 봉안되어 있었다. 보문정사는 오늘날의 석모도 보문사로, 숙종 때 간척사업으로 송가도는 석모도와 한 섬이 되었다. 그러나 봉은사나 흥국사처럼 원래 개경에 있던 절은 환도와 함께 개경에서 다시 절을 운영했고, 강화도에 남은 공간은 이후 어떻게 됐는지 알 길이 없다.

조선시대 지도나 지리지를 통해 조선시대에도 강화도에 여러 사찰이 있었음을 알 수 있고, 오늘날에도 강화도에는 전등사나 보문사 같은 오랜 연혁을 가진 전통사찰이 우리를 반기고 있다. 그러나 우리가 앞서 살펴본 강도 시절 강화도에 세워졌던 주요 사찰들은 조선시대의 자료에서조차도 남아 있는 것이 많지 않다. 고지도 등을 통해 조선시대 강도에 있었음이 확인되는 절은 고려시대 자료에서는 찾기 어렵다. 현재 고려시대의 주요 사찰이 있던 절터라고 알려진 곳들이 있기는 하지만, 그 근거가 명확하지 않다. 심지어 선원사지처럼 이미 발굴조사를 거쳐 사적으로 지정된 곳조차도 그 위치를 둘러싸고 학계에서는 논쟁이 계속되고 있다. 사적으로 지정된 곳이 아닌 선원면 선행리 충렬사(忠烈祠) 부근을 선원사지로 보기도 하기 때문이다.

하점면 봉천산의 고려시대 절터를 봉은사지로 추정하고 있지만, 봉은사의 위상과 상원연등회를 생각해보면 궁궐과 가까운 곳에 있어야 하는 것이 합리적이다. 이에 비해 법왕사는 고려시대의 문헌자료로 그 위치를 대략 추정할 수 있는데, 견자산 자락인 강화중학교 근처로 추정하고 있다. 마니산에 있던 묘지사는 원종이 마니산 참성단에서 직접 제사를 지낼 때 머물렀던 절이다. 2022년 발굴을 통해 묘지사 터에서는 13세기 전면온돌을 갖춘 건물터가 확인되어 주목되는 곳이다.

묘지사지를 비롯하여 고려시대 사찰 터 발굴조사를 통한 구체적인 연구가 이뤄져 고려의 강도시기 도성 구성의 중요한 요소였던 사찰에 대한 구체적인 이해가 가능할지 모른다. 그렇다면 강도시기 불교에 한 걸음 더 다가갈 수 있으리라 기대한다. ㅁㅁㅁ

글. 주수완(문화재청 문화재전문위원)

사찰이 숨 쉬는 섬,
강화의 절과 절터

섬에서 시작된 사찰들

강화도의 사찰들은 모두 몽골 침입 시기에 세워졌다고 생각하기 쉽지만, 삼국시대까지 창건 설화가 올라가는 절들도 많다. 최강의 몽골군도 건너오지 못할 만큼 접근이 어려웠던 이 외진 섬에 어떻게 절이 들어서게 되었을까? 아마도 고려가 조정의 피난처로 선택한 데에는 단순히 몽골이 물에 취약하고 개경에서 뱃길로 가깝다는 이유 외에 이곳이 살기 좋은 땅이라는 점도 분명 고려되었을 것이다.

강화도는 물이 풍부하고 농사가 잘되는 풍족한 땅이다. 지금도 '강화쌀'을 알리는 선전과 함께 드넓은 경작지를 발견할 수 있다. 뭍에서 거둬들인 조세는 강화도 조정을 지탱하는 중요 재원이었다. 하지만 혹시라도 몽골의 견제로 조세가 끊겨도 최소한의 생활을 유지할 정도의 자급자족이 가능하다는 계산이 섰을 것이다. 마찬가지로 사찰이 세워졌을 때 섬 주민들의 보시와 시주로도 사찰 운영이 충분히 가능했을 것이기에 오래전부터 사찰들도 이 섬에서 운영될 수 있었으리라.

나아가 강화도 사찰들의 창건 설화를 보면 뭍의 절들이 섬으로 들어온 것이 아니다. 오히려 모든 절은 강화도에서 시작하여 뭍으로 건너갔다고 보는 편이 옳다. 강화도 사찰의 창건 설화에 등장하는 아도(阿道) 스님은 고구려에 처음으로 불교를 전한 스님이고, 강화도에 사찰을 창건했다고 전해지는 인도의 어떤 스님은 서해 건너 육지로 들어가기 전에 강화도를 포교의 전초기지로 삼은 게 아닐까?

지금도 강화도에는 대략 15개소 정도의 사찰이 있는데, 이 중에서 강화도의 역사와 불교를 이해하기 위해 우선 들러야 할 사찰 몇 곳을 섬의 중부, 남부, 북부로 나누어 살펴보고자 한다.

강화의 법보사찰(法寶寺刹), 선원사지(仙源寺址)

강화대교 건너 강화도에 들어간다면 우선 선원사지부터 들러보자. 한때 이곳은 강화도 도읍 시절 고려의 궁궐터로도 추정됐다. 그러나 발굴을 통해 이곳이 절터이고, 더불어 팔만대장경판을 봉안했던 선원사의 자리였다는 게 분명해졌다. 현

석단이 계단식으로 점차 높아지는
선원사지의 가람 구성은 해인사와 닮았다.
장중한 첫 번째 석단의 계단을 오르면 두
번째 석단은 가운데에 계단을 뒀고, 좌우에
계단이 설치된 돌출부가 보인다.

재 같은 이름의 선원사라는 절도 있다.

　한동안 이곳에서 팔만대장경판을 제작했는지, 아니면 남해에서 제작했는지 논란이었다. 그러한 흔적은 선원사지의 한자 표기에 두 가지가 함께 쓰이고 있는 데서도 찾아볼 수 있다. 우선 '신선 선(仙)'을 사용한 '선원사지(仙源寺址)' 표기는 이곳의 지명 선원면(仙源面)의 한자를 따서 표기한 것이다. '선원면의 절터'라는 뜻인 셈이다. 반면 '고요할 선(禪)'을 사용한 '선원사지(禪源寺址)'는 이곳이 역사에 등장하는 '선원사(禪源寺)'의 터라는 의미를 담고 있다. 이곳이 역사 속 선원사 터라는 것을 의심한다면 단지 선원면의 절터라는 이름으로 부를 것이고, 선원사의 자리가 옳다고 본다면 '선원사의 옛터'로 부를 것이다. 필자는 '선원사의 옛터'로 보지만, 공식 한자로 선(仙)을 쓰는 문화재청의 표기를 따랐다.

　이런 논쟁들은 대체로 정리되는 듯 보인다. 대체로 제작은 남해에서 하고, 강화로 옮겨와 이곳에 자리했던 선원사에 봉안했던 것으로 보고 있다. 또한 옮겨오기 전에도 이 거대한 사업을 추진하기 위한 본부는 강화도 이곳 선원사에 두었을 것이다. 비록 터로만 남아 있지만, "여기가 원래 팔만대장경판이 계획되고 보관되었던 곳"이라는 사실 하나만으로도 그 존재감이 남다르다.

여러 단의 석단이 계단식으로 점차 높아지는 가람 구성은 해인사와 닮았다. 장중한 첫 번째 석단의 계단을 오르면 두 번째 석단은 가운데에 계단을 두고, 좌우에도 역시 계단이 설치된 돌출부가 보인다. 또한 가운데 계단과 좌우 계단 사이는 땅이 약간 움푹 파여 있다. 이 모습은 마치 일본 사이후쿠지(西福寺)에 소장되어 있었던 〈관경16관변상도〉에 묘사된 극락세계와 닮았다.

이 그림 속에 묘사된 극락세계를 보면 입구 가운데 연못이 있고, 이 연못에서 죽은 사람들의 영혼이 극락에 태어나고 있으며, 좌우로는 높은 누각이 세워져 있다. 선원사지 두 번째 석단 앞의 움푹 파인 곳도 혹시 연못이 아니었을까? 그리고 좌우로 누각이 솟아 있었다면 그야말로 고려불화 〈관경16관변상도〉의 극락세계와 유사했을 것이다. 어쩌면 〈관경16관변상도〉를 그린 화가가 강화 선원사지를 모델로 그림을 그렸을지도 모른다. 고려 말 당시 선원사는 순천 송광사와 더불어 2대 선찰로서 위세를 떨쳤으니 그럴 만도 하다.

그 단 위에 자리한 넓은 중정은 수로로 에워 쌓여 있어, 작은 돌다리로 건너야 한다. 아마도 선원사의 뒤에서 샘솟은 물이 이렇게 공간을 감싸며 흘러내리도록 설계되었던 것 같다. 그만큼 물이 풍부한 섬이었다는 뜻이 아닐까.

여기서 한 단 더 올라가면 선원사 금당(金堂, 본존상을 모신 대웅전) 터다. 기록에 의하면 비로자나불을 주존으로 모신 비로전 자리였다. 해인사 역시 주불전이 대적광전으로 비로자나불을 모셨다. 왜 선원사와 해인사 모두 비로자나불을 모시고 있을까? 해인사는 법보종찰로서 여기서 법은 부처님의 가르침, 즉 경전을 상징한다. 선원사 역시 같은 의미였을 것 같은데, 그래서 법신불인 비로자나불을 모셨던 것이 아닐까?

이와 함께 금당 좌우 측에 돌출된 부분이 있어 눈에 띈다. 왜 이런 구조가 필요했을까? 흥미롭게도 해인사 대적광전은 정면에만 현판이 달린 것이 아니라 사방에 돌아가며 법보단, 대방광전, 금강계단이란 현판을 달았다. 이렇게 법당의 사방에 돌아가며 현판을 건 사례는 양산 통도사 대웅보전에서도 찾아볼 수 있다. 불보사찰인 통도사와 법보사찰인 해인사의 독특한 상징인 셈이다. 그런데 혹시 선원사의 비로전도 이처럼 정면뿐 아니라 좌우, 그리고 뒷면에도 어떤 의미를 부여하면서 이렇게 좌우로 돌출된 별도의 단이 설치되었던 것이 아닐까? 그만큼 이 건물을 신성하게 생각했음을 반영하는 흔적일 것이다.

이 비로전 안에 원래는 본존불상이 부석사나 마곡사처럼 법당 한쪽에 치우쳐 봉안되어 있었는데, 충숙왕 시절에 크게 확장되면서 중앙에서 남쪽을 바라보는 방향으로 옮겼다고 한다. 또한 국립중앙박물관 소장의 〈태조금강산예불도〉를 그린 노영(魯英)이라는 화가가 금당 안쪽의 정면에 『화엄경』「입법계품」에 등장하는 55선지식의 벽화를 그렸다고 한다. 상상으로나마 장중했던 당시의 모습을 떠올려 보면 어떨까. 그 윗단에는 몇 채의 건물이 'ㄇ(경)' 혹은 'ㄷ'자 형으로 배치되어 있다. 이 건물지들이 대장경판을 봉안했던 곳이었을까? 선원사는 팔만대장경판 외에 거란대장경도 봉안했는데, 팔만대장경을 새로이 조성할 때 참고했던 것으로 보인다. 무려 상자 200여 개 분량의 거란대장경은 후에 송광사로 이운됐지만, 그전까지는 선원사에 상당한 보관 공간이 필요했으리라.

또한 부인사의 초조대장경이 몽골의 침략으로 불에 탄 교훈이 있었기 때문에 방화나 화재에도 각별히 신경을 썼을 것 같다. 아마도 몇 개의 석단으로 층층이 쌓은 곳에 대장경을 보관하고

〈관경16관변상도〉, 고려 13세기경, 일본 사이후쿠지 소장

자 했던 것도 이런 석단들을 각각의 방화벽으로 삼았던 것이 아닐까 추정해본다.

고려 말인 1360년에는 왜구들이 몰려와 선원사와 용장사에서 300여 명을 죽이고 쌀 4만 석을 노략질해가는 사건이 있었다. 이때부터 선원사가 큰 타격을 입고, 쇠락했기 때문인지 조선을 세운 태조 이성계는 왕자의 난으로 퇴위 되기 불과 4개월쯤 전인 1398년 5월 10일에 선원사의 대장경판을 한강을 통해 한양의 지천사(支天寺)라는 절로 옮겨왔다. 2,000여 명이 동원된 대규모 이송 작전이었다. 이후 현재의 해인사로 보내진 것이다.

선원사지 유물전시관에서는 특히 1341년에 '삼한국대부인 이씨'가 선원사에 시주했다는 옥등이 눈에 띈다. 등잔 밑이 어둡다고 하지만 이처럼 반투명의 옥등 아래는 어둡지 않았으리라. 고려시대 최고의 도서관에는 이런 등불이 매우 그리고 많이 필요했을 것이다.

우리나라에서 가장 오래된 사찰, 전등사(傳燈寺)
강화도를 크게 남·중·북단의 셋으로 나누면, 중앙에 혈구산과 진강산, 남쪽에 정족산과 마니산, 북쪽에 고려산과 별립산이 솟아 있는 형세로 볼 수 있다. 이중 남쪽의 정족산에는 전등사, 마니산에는 정수사가 자리하고 있다.

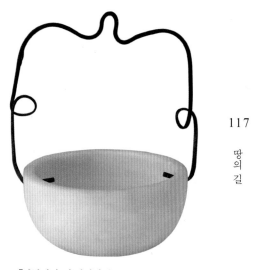

「지정원년」이 새겨진 옥등,
고려시대, 높이 7cm×입지름 14.8cm×안지름 12.5cm,
동국대 박물관 소장
고려 말 정화궁주의 옥등 시주로 사찰명을
전등사로 바꿔 불렀다고 하는데,
선원사에도 옥등 시주 이야기가 전한다.

전등사 대웅보전(보물)
나부상으로 유명한 대웅보전이지만, 나부상만 쳐다보다가는 더 많은 아름다움을 놓치기 십상이다.

전등사는 강화도를 대표하는 사찰일 뿐 아니라, 역사적으로는 우리나라에서
가장 오래된 역사를 자랑하는 사찰이다. 사찰 창건 연기에 소수림왕 11년인 381
년, 아도 스님이 세웠다고 한다. 고구려에서 불교가 처음 들어온 것이 소수림왕 2
년인 372년 순도(順道) 스님에 의해서였고, 2년 후 아도 스님(신라에 불교를 전한 아도
스님과는 동명이인)이 뒤따라 고구려에 들어왔다고 하니, 374년 무렵이었을 것이다.
이때 고구려 수도인 평양에 첫 사찰이 건립됐겠지만, 현재 남아 있지 않다. 381년
이면 아직 백제에는 불교가 전해지기 전이다. 그러니 고구려 사찰로서 불교 전래
초창기에 세워져 현재까지 명맥을 유지하고 있는 전등사는 기록상 우리나라에서
가장 오래된 현존하는 절인 것이다. '법등을 전한다'는 뜻의 전등사란 이름이 무색
하지 않다. 전등사 하면 제일 먼저 떠오르는 게 대웅전 처마의 네 모퉁이를 받치고

전등사 대웅보전 처마를 받치고 있는 인물상들은 호류지 오중탑의 하앙(下昻)을 받치는 도깨비(사진 아래)처럼 고대 건축의 전통을 계승하고 있다.

전등사 대웅보전 대들보 끝단의 조각들은 전부 다르게 조각됐다. 도깨비, 용, 호랑이 등의 얼굴이 섞여 있다.

정족산사고 선원보각(璿源寶閣) 현판
고려와 조선시대에 나라의 역사 기록과 중요 문서를 보관한 전각으로 현재 전등사 뒤편에 복원돼 있다.

있는 소위 나부(裸婦) 조각상에 얽힌 전설이다. 이 전설이 너무 유명하다. 자칫 전등사의 더 큰 아름다움은 고스란히 놓칠 수 있어 주의가 필요하다.

절로 들어가는 입구가 산성의 성문인데, 원래 삼랑성이라고 불렸던 이 정족산성은 그 안에 고려의 궁궐이 있었다. 조선시대에는 실록을 보관하는 사고 및 왕실의 족보를 봉안한 선원각을 품은 중요한 산성이었다. 현재 정족산사고는 전등사 뒤편에 복원됐다.

대웅전으로 가기 위해 지나야 하는 대조루는 판문을 굳게 닫고 견고한 요새처럼 버티고 있다. 이 대조루를 지나 마주하는 대웅보전은 평범한 정면 3칸에 팔작지붕의 법당이지만, 세부를 들여다보면 이곳만의 특징이 빼곡하다.

우선 처마 아래의 인물상은 건축적으로 보면 매우 오래된 전통을 지닌 것이다. 예를 들어 동양에서 가장 오래된 목조건축의 하나인 일본 호류지(法隆寺) 오중탑(五重塔)의 1층 처마에도 도깨비 같은 역사상이 있는데, 하앙이라는 부재를 머리에 이고 있다.

고구려 무덤인 장천1호분의 모죽임천장 모퉁이에도 도깨비 같은 역사가 천장돌을 머리에 이고 있는 모습을 볼 수 있다. 삼국시대에는 이렇게 처마의 추녀를 도깨비 같은 신장상이 받치고 있는 경우가 많았던 것 같다. 그렇게 본다면 전등사 대웅보전은 조선 선조와 광해군 연간의 화재로 손상을 입어 1621년에 중건될 때 추녀를 역사가 받치게 하는 삼국시대의 오랜 전통을 그대로 남겨둔 셈이다. 전등사가 우리 땅에서 가장 오래된 절이라는 자부심을 남겨둔 것일지도 모르겠다. 대웅보전 지붕 아래로는 대들보를 밖으로 빼면서 그 끝단을 동물 얼굴 모양으로 조각한 것이 튀어나와 있는데, 보통은 이런 장식을 동일한 용 형상으로 조각한다. 그런데 여기서는 도깨비, 호랑이, 용 등으로 다양하게 장엄했다. 마치 조각가 스스로가 똑같은 작업의 반복을 용납할 수 없었던 것 같다. 법당 내부의 용과 천장을 날고 있는 극락조들도 정교하고 생동감이 넘친다.

'삼전하축수문' 중 '세자저하수천추(世子低下壽千秋)'
전등사 약사전 창방에는 주상·왕비·세자 등 왕실 가족의 장수를 바라는 축원 '삼전하축수문'이 보인다.

전등사 대웅보전 내부 극락조
대웅보전 천장을 날고 있는 극락조들이 정교하고 생동감 있게 장엄돼 있다.

전등사 대웅보전 목조석가여래삼불좌상(보물)

수연 스님이 1623년(광해군 15) 조성한 불상으로 원만한 상호와 양감, 균형감 등 솜씨가 뛰어난 목조불상이다.

전등사 명부전 지장보살삼존상과 시왕상(보물)

지장보살상과 좌우 무독귀왕, 도명존자, 시왕(十王)과 귀왕, 판관, 사자상 등 명부전의 권속 총 31구의 상은 1636년(인조14)에 조성됐다.

대웅보전 옆의 약사전도 보물로 지정된 건축이다. 영조는 1726년에 전등사를 방문한 바 있고, 1749년에 직접 목재를 시주하여 중수했다. 그래서인지 약사전에는 주상·왕비·세자를 축원하는 문구를 넣었는데, 영조를 기리는 듯하다.

건축뿐 아니라 대웅보전 안에 모신 목조석가여래삼존상과 명부전의 목조지장보살삼존상 및 시왕도도 보물로 지정되어 있다. 대웅보전의 삼존상은 1623년에 조각승 수연(守衍) 스님이 조성한 것인데, 이로부터 13년이 지난 1636년에 다시 수연 스님이 명부전 지장시왕상을 조각한 것이다. 한자리에서 한 스님의 조각 양식이 13년 동안 어떻게 변화했는지 살펴볼 수 있어 의미가 더 각별하다. 언뜻 통명스러운 부처님 모습이라서 소원을 빌어도 안 들어주실 것 같지만, 뒤로는 투덜거리면서 다 해주실 것 같은 표정이 정겹게 다가온다. 옷자락은 대범하게 표현했지만, 손에는 은은한 손가락 마디까지 섬세하게 조각했다.

그밖에 유려하고 정교한 조각이 일품인 대웅보전 불단, 수원 용주사의 김홍도가 그린 것으로 전하는 후불탱화와 유사한 화풍의 후불탱화, 종각 안에 걸린 보물로 지정된 중국 범종 등도 전등사에서 눈여겨봐야 할 성보(聖寶)이자 문화재들이다.

독특한 모양의 법당을 볼 수 있는 정수사(淨水寺)

정수사는 강화도 남단 마니산에 있다. 이 산은 강화도에서 가장 높고, 정상에는 단군왕검이 하늘에 제사를 지내기 위해 세웠다는 참성단(塹星壇)이 있다. 그만큼 신성하게 여겨져 온 산이다. 그런 산에 자리한 정수사도 들어가는 입구부터 기암괴석이 멋들어지게 방문객을 맞이한다. 정수사는 이런 바위와 물과 같은 자연 사이로 인간의 건축이 조화를 이룬 절이다. 입구의 바위를 돌아서면 정면에 보물로 지정된 대웅보전과 마주하게 된다.

언뜻 정면에서 볼 때는 평범한 3칸짜리 맞배지붕 법당이지만, 조금만 옆에서 보면 법당의 정면으로 발코니처럼 툇마루가 튀어나와 있는 것이 보인다. 이 튀어

정수사 대웅보전 꽃살문
가운데 네 짝으로 구성된 문은 화병에서 꽃이 자라는 모습을 조각했는데, 마치 모란 병풍을 펼쳐 놓은 듯 회화적이다.

정수사 대웅보전(보물)
지붕을 앞쪽으로 더 길게 빼면서 앞뒤가 비대칭인
독특하고 날렵한 형상이다.

나를 채우는 섬 인문학 강화도

나온 부분을 전퇴(前退)라 하는데, 이곳 외에 안동 개목사(開目寺)의 원통전에서 찾아볼 수 있다. 이런 모습은 향교나 서원에서 공자를 모시는 사당인 대성전 같은 곳에서 흔히 볼 수 있는 형식이어서, 말하자면 유교식 사당의 개념으로 사찰 법당을 조성한 독특한 사례다.

정수사는 원래 선덕여왕 무렵에 세워졌고, 조선 세종 연간에 함허당 기화(1376~1433) 스님이 고쳐 지었다고 한다. 스님은 무학(1327~1405) 대사의 제자로서 선사이면서도 교학에 능했고, 나아가 유·불·선 삼교일치를 주장한 최치원의 사상을 계승해 억불숭유 초창기였던 조선 초에 불교계를 지켜나간 큰 기둥 같은 분이었다. 그래서 이곳 법당을 마치 유교의 사당과 같은 모습으로 중건한 게 아닐까? 법당 천장은 가운데의 우물천장을 중심으로 그 주변은 비스듬하게 판벽을 달아 부재들이 안 보이게 마감했다. 전체적으로 깔끔함을 넘어 현대적이기까지 하다. 이 판벽에는 용과 주작, 학 등이 어우러져 하늘을 날고 있는 모습이 역동적으로 그려졌다. 전등사 대웅보전이 거대한 조각 같은 건축이라면, 정수사 대웅보전은 파노라마로 구성된 그림 같은 건축이다.

대웅전의 서쪽으로는 정수사라는 절 이름의 기원이기도 한 약수가 흐르고 있다. 원래는 냉천수로서 시원하기로 유명했고, 차를 끓여 마셔도 일품이라 명성이 높았다. 아쉽게도 근래는 무슨 일인지 마시는 물이 아니라는 표지판이 붙어있다. 그런데도 눈으로 보기에 물은 맑았고, 만져보니 명성대로 차가웠다.

대웅전 동쪽의 오백나한전 옆으로 계단을 따라 내려가 산길을 조금 올라가면 함허당 기화 스님의 사리탑이 모셔진 언덕에 다다른다. 마치 부처님의 사리를 여덟 군데에 나눠 모셨듯이 함허당 스님의 사리도 몇 군데에 나눠 모셨는데, 문경 봉암사와 가평 현등사 그리고 평안도 자모산 연봉사와 함께 이곳 강화 정수사까지 총 4곳이었다. 그만큼 제자들로부터 존중받았음을 알 수 있다.

스님의 사리탑은 바람이 시원한 양지바른 언덕 위에 세워졌는데, 그 주변으로 아름드리나무가 은은한 그늘을 만들어 감싸고 있어 마치 보리수 아래 석가모니께서 수행하시는 모습 같기도 하고, 무찰린다 용왕이 부처님을 뒤에서 보호하고 있는 모습 같기도 해서 신비로운 분위기를 자아낸다.

고려산 백련사(白蓮寺)와 봉천산 봉은사지(奉恩寺址)

강화도 북쪽 고려산에 자리 잡은 백련사로 발길을 옮겨본다. 고려산에는 이외에도 청련사도 있고, 황련사지라는 절터도 있다. 고려산의 옛 이름이 오련산(五蓮山)이었는데, 이 산에 자리한 절과 깊은 인연이 있다. 전하는 말로는 삼국시대에 인도에서 온 스님이 이곳에 도착해 오색 연꽃이 핀 연못을 발견했는데, 이 오색 연꽃을 날려 꽃이 떨어진 각각의 자리에 연꽃의 색을 따라 이름을 붙인 절을 세웠다고 한다. 백련사는 이처럼 오랜 역사를 지니고 있고, 조선 초의 기록인『동국여지승람』에도 언급되어 있다. 하지만 현재는 대부분 근래에 세워진 전각이고, 극락전으로 사용되고 있는 대방만 조선 후기 건축이다.

대방이란 조선 후기에 등장한 법당의 한 형태로서 부처님을 모시는 법당과 스님들이 거주하는 요사채가 일체형으로 결합한 일종의 복합 건축이다. 백련사 대방은 정면을 구성하는 팔작지붕의 5칸 규모 극락전과 그 오른쪽에 요사채가 '丁'자형으로 결합한 형태이며, 그 뒤에 다시 'ㄴ'자형의 선방이 달린 복잡한 평면 구성을 지니고 있다. 이 '丁'자형 평면에서 앞으로 돌출된 부분은 누각처럼 떠 있고, 그 아래는 창고로도 쓸 수 있어 공간을 매우 효과적으로 사용하고 있다.

현재 극락전에는 선정인을 한 아미타불좌상과 관음·지장보살협시의 삼존상을 모시고 있는데, 본존인 아미타불좌상은 원래 1989년 보물로 지정된 고려시대의 철불이었다. 안타깝게도 그해 12월에 도난당하고 말았다. 매우 통탄할 일이다.

팔작지붕의 5칸 규모 극락전과 그 오른쪽에 요사채가 'ㄱ'자형으로 결합한 형태의 백련사 대방

하루빨리 되찾기를 간절히 바랄 뿐이다. 현재의 아미타불은 도난당한 철조아미타여래좌상의 복제품이다.

백련사는 보호수로 지정된 커다란 은행나무로도 유명한데, 특히 노란 단풍이 들 무렵 백련사의 대방과 어우러지는 모습이 아름다워 가을마다 많은 방문객이 찾는 백련사를 찾는다. 은행나무뿐 아니라 백련사 주변으로는 숲이 우거져 있고, 등산로도 잘 정비되어 있다. 특히 백련사 아래 아담한 '카페 오련'에서 시작되어 숲길을 가로지르는 나무다리는 누구든 걷고 싶게 만드는 매력을 지녔다.

백련사에서 사라진 철불의 아쉬움을 달래려면 하점면 장정리의 보물 석조여래입상이 제일이다. 봉천산 기슭에 자리한 이곳까지 백련사에서 차로 10분 정도 거리다. 이 불상은 마치 광배만 있는 것처럼 보이지만, 엄연한 불상이다. 원래 더 입체적인 불상을 조성했어야 했는데 그러지 못한 이유가 있으리라.

전설에는 1106년 3월 7일(전설치고는 날짜까지 정확하다)에 한 노파가 연못가에서 빨래하는데 옥함이 떠올랐고, 그 안에서 사내아이를 발견해 조정에 바쳤다. 후에 이 아이는 임금으로부터 '봉우'라는 성과 이름을 하사받았으니 하음 봉씨의 시조이다. 이 석조여래입상 뒤편의 무덤이 바로 봉우의 무덤이다. 이 불상은 봉우의 5세손인 봉천우가 시조를 기리기 위해 세운 불상이라고 한다. 산의 이름이 봉천산인 것도 이 봉씨 집안과 연관이 있을 것이다.

이 설화가 사실이라면 봉천우는 14세기 전반에 활동했던 인물이고, 이 불상의 조성 연대도 그 무렵이 된다는 것이어서 중요한 단서가 된다. 봉천우는 불상 외에 산 너머 봉은사라는 절도 창건했다는데, 이 절은 1234년에 행차한 고종이 개경에서처럼 연등회를 했다고 하니 시기가 맞지 않는다. 봉은사는 실제 봉천우의 활동연대보다 앞서 존재하던 절이었다. 1106년에 태어난 봉우의 5세손이면 1200년대가 맞을 것 같고, 『고려사』에 기록된 봉천우는 1300년대 전반의 활동이 확인된다. 그러니 장정리에 봉은사를 창건한 것은 5세손, 석불입상을 조성한 것은 10세손쯤 되는 봉천우로 나눠 보아야 할 것 같다.

이런 특이한 형태의 불상을 조성한 연유가 뭘까? 어쩌면 큰 불상의 청동상 주조가 어려웠고, 또 개인 발원의 사찰이다 보니 법당이 크지 않아 공간이 부족해 이처럼 부조 형태로 모셨으리라 추정해본다. 대신 부조로 조성된 만큼 조각인데도 불화를 보는 것처럼 회화적이어서 옷자락이 하늘거리는 모습이나 손가락의 정교한 움직임, 수더분한 얼굴까지 생동감 있는 부처님이 탄생했다.

산능선 건너의 봉은사 터에는 멋진 우물과 함께 보물로 지정된 오층석탑이 남아 있다. 다 무너진 이 탑이 왜 보물인가 싶겠지만, 앞서 말한 바와 같이 고려 왕실이 강화도에 머무는 동안 꾸준히 연등회를 이곳에서 베풀었다고 하며, 더군다나 현재까지 알려진 바로는 강화도에 남은 유일한 고려시대 탑이다. 강화도 도읍기에 정말로 이 석탑 1기뿐이었는지, 아니면 더 있었는데 사라졌는지 알 수 없다. 강화 도읍기 동안 이곳을 대표하는 석탑이었던 셈이니 어찌 중요하다 하지 않을

정수사 함허당탑
언뜻 일본의 오륜탑을 닮기도 했지만, 지·수·화·풍·공을 상징하는 요소들로 구성된 것은 아닐까?

강화도에 있는 유일한 고려시대 탑인 장정리 오층석탑(보물)

고려시대 석불상으로 두꺼운 화강암에 돋을새김한 장정리 석조여래입상(보물)

장정리 석조여래입상이 봉안된 석상각

수 있을까.

또한 기록에는 봉은사에 칠층의 보탑과 하음노구석상탑(呵陰老嫗石像塔)이 있었다고 하는데, 하음은 이 지명이고, 노구는 할머니이므로 틀림없이 처음 하음 봉씨 시조 봉우를 발견한 할머니를 뜻하는 것으로 보인다. 이 할머니를 기리는 석상탑이라고 하니, 혹 탑 안에 할머니 석상을 모셨다는 뜻일까? 아니면 장정리 석조여래입상이 이 할머니 석상이고, 이 상을 목탑으로 덮었다는 뜻일까? 전설만큼이나 신비로운 석탑과 석상이다.

석모도와 보문사(普門寺)

불과 몇 년 전만 해도 석모도는 섬 안의 섬이었다. 강화도 자체가 원래 섬이지만 다리가 생겨 차로 건널 수 있는 반면, 석모도는 배로 건너야 했다. 그러나 2017년도 석모대교가 생겨 이제는 석모도로의 접근도 쉬워졌다. 물론 석모도를 건너는 배 안에서 갈매기에게 과자를 주는 낭만은 사라졌다.

석모도는 남쪽으로 위에서부터 상봉산, 낙가산, 해명산이 이어져 있고, 보문사는 낙가산에 자리 잡고 있다. 낙가산은 인도에서 관음보살이 머무시는 포탈락가산을 음차(音借, 한자음을 빌려 표기)했다. 강원도 양양 낙산사의 '낙산' 역시 낙가산에서 나왔음을 불교에 조금이라도 관심 있다면 익히 들었을 것이다. 결국 두 절은 모두 관음보살 성지로서 양양 낙산사가 우리나라 동쪽 끝의 관음성지라면, 석모도 보문사는 서쪽 끝의 관음성지이다. 남쪽에는 남해 보리암이 관음성지인데, 이세 절이 3대 관음성지로 꼽힌다. 절 이름 '보문' 역시『법화경』「관세음보살보문품」에 보이는 '보문'에서 따온 것으로, 관음보살의 너른 자비를 의미한다.

그러나 원래 보문사는 나한도량으로 유명했다. 전해지는 바에 따르면 보문사는 선덕여왕 때인 635년에 한 어부가 바다에서 건져 올린 석상 22구를 지금의 석굴 법당인 나한전 봉안하면서 시작됐다. 이 석상들은 18나한과 석가삼존상 및 관음보살상이었다고 한다. 이후 고려시대에 금강산 보덕굴에서 수행하던 회정(懷正)

1928년 마애관음보살상을 새기면서 우리나라 3대 관음성지로 자리매김한 강화 석모도 보문사 친경

스님이 이곳에 들렸다가 관음전을 지어 관음상을 따로 모시면서부터 낙가산 보문사로 불렸다. 아마도 고려시대에 와서 있었던 보문사의 중창을 의미하는 것으로 생각된다.

신통굴이라고도 불리는 나한전은 거북바위 같은 큰 바위 아래의 석굴인데, 이 안에 봉안된 나한상이 신라시대에 바다에서 건진 석상이라고 전한다. 양식적으로는 2018년 국립춘천박물관 특별전을 통해 유명해진 창령사지 오백나한상을 연상케 된다.

회정 스님이 관음전을 지어 따로 모셨다는 관음상은 현재는 전하지 않지만, 대신 보문사 뒤로 10여 분 산길을 걸어 올라가면 거대한 바위 절벽에 새겨진 마애관음보살좌상을 친견할 수 있다. 이 마애불은 1928년에 보문사 주지 벽파선주(碧波善周) 스님과 금강산 표훈사의 화응형진(華應亨眞) 스님이 함께 발원해 조성했다. 1930년대에 이루어진 금산사 미륵대불과 법주사 미륵대불 조성과 함께 일제강점기에 이루어진 대형 불사였다. 이 거대한 바위 절벽에서 어떻게 작업했을지 생각만 해도 아찔하다. 화승은 조각승이기도 했는데, 관음보살상의 초를 그렸고, 석수는 강화도에서 활동했던 숙련된 장인들이 담당했으며, 덕분에 거대한 마애불이 3개월 정도에 완성할 수 있었다.

언뜻 경직된 분위기이지만, 그런 경직성이 거대한 마애불을 더욱 거대해 보이게 만든다. 반면 그런 가운데 옷 주름선이나 손과 발의 부드러운 인체 표현은 은은한 생동감을 느끼게 하여 바위가 꿈틀거리는 듯한 인상을 준다.

100여 명이 시주가 된 이 대형 불사에 이어 주변의 불단과 공양구를 석조로 조성하는 마무리 작업은 간송 전형필(澗松 全鎣弼, 1906~1962)의 단독 시주로 이루어졌음이 바위 주변의 명문에서 최근 확인됐다. 우리 문화재의 반출을 막고 지켜냈던 간송이 전통기법으로 조성한 대형 불상의 조성을 후원했다는 사실을 알 수 있게 됐다. 이 마애불은 아마도 전통이 근대로 넘어오는 시기에 거의 전통적인 기법으로 이루어진 마지막 대형 작업이 아니었을까. 어쩌면 오지였을 이 외딴섬 석모도에서 이런 거대한 불사가 이루어졌다니, 보문사의 기도 영험도량으로서 명성이 그만큼 높았던 것을 짐작할 수 있겠다.

전설을 간직한 강화도의 사찰들

이처럼 강화도에는 섬이라는 장소가 무색하게 많은 절이 살아 숨 쉬고 있다. 지면 관계상 모두 소개하지는 못했지만, 예를 들어 청련사의 목조아미타여래좌상도 보물로 지정된 고려시대 불상인 만큼 방문해 보시길 추천드린다. 곳곳에 이런 보물들이 자리잡게 된 것은 앞서 언급한 대로 전략적으로도 중요한 곳이었고, 물과 농산물이 풍부한 점 때문에 시주를 받는 사찰이 들어서기에 좋은 수행환경을 제공한 덕분이었을 것이다.

그러한 절에는 아도 스님의 창건, 인도에서 온 스님의 창건, 하음 봉씨의 시조설화 등 신비로운 이야기들이 많다. 하늘에 제사 지내는 마니산 참성단을 비롯해 이곳이 좋은 기운이 감도는 곳이라는 인식이 있었기에 그만큼 전설도 많이 만들어졌을 것이다. 그런 신령한 곳이기에 일제강점기였던 1928년 석모도 보문사에 거대한 마애관음보살상을 새겨 동해의 낙산사, 남해의 보리암에 대응하는 서해의 관음성지 보문사를 만들어낸 것이다. 더 이상 전설이 없는 메마른 시대에 원력으로 이루어낸 마지막 성지가 아니었을까?

고려가 몽골의 침략이라는 풍전등화의 위기에서 강화도를 최후의 보루로 결정한 것도 강화도의 영험함을 믿었기 때문이지 않을까? 부처님이 마군들을 물리치고 깨달음을 얻으셨던 보드가야의 기운이나, 세계 최강의 몽골군과 맞서 싸운 용기를 제공한 강화도의 신비로운 기운은 서로 통하는 것일지도 모르겠다.

그렇게 보면 아도 스님이 창건한 한국 현존의 가장 오래된 사찰인 전등사가 세워졌고, 고려의 팔만대장경 사업의 중심지였으며, 전통불교미술의 대미를 장식한 보문사 마애불이 공존하는 강화도는 그야말로 한국불교사의 산증인이다. ᒐᒐᒐ

글. 김남수(월간 『불광』 편집주간)

전등사에 남겨진
병인양요의 기억

전쟁은 상흔을 남긴다. 이기든 지든 역사에 기록된다. 이면의 아픔은 고스란히 흔적이나 기억으로 남기도 한다. 강화도 역시 마찬가지다. 병인양요, 신미양요 등을 온몸으로 견딘 강화도에서 전쟁의 흔적은 켜켜이 쌓인 시간 아래 희미해졌지만, 역사의 기록이 그 이야기를 끊임없이 기억으로 소환한다.

프랑스의 침입··· 반격의 시작은 정족산성

병인양요는 흥선대원군의 천주교 탄압사건인 병인사옥(丙寅邪獄)을 빌미로 프랑스가 1866년(고종 3) 조선에 침공한 사건이다. 조선은 병인양요(丙寅洋擾)를 '병인년에 서양 오랑캐(洋夷)가 일으킨 소요(騷擾)'라고 정의했다. 병인사옥은 여러 명의 프랑스 선교사와 조선인 천주교 신자 수천 명이 살해된 우리나라 최대 규모의 박해로 기록됐다. 프랑스 신부와 선교사 12명이 사로잡혔고, 그중 9명이 살해됐다. 목숨을 구제한 리델(Ridel) 신부가 청나라로 탈출하면서 알려졌다. 리델 신부가 보복 원정을 촉구했고, 청나라에 주둔 중이던 프랑스 함대사령관 로즈가 함대를 이끌고 강화도로 침입했다.

　　1866년 9월 18일 3척의 프랑스 군함이 강화 앞바다에 등장했다. 2척은 한강을 거슬러 정박했고, 난지도 앞까지 정찰하다가 퇴각했다. 정찰을 마친 프랑스는 10월 15일 군함 7척, 함재 대포 10문, 총병력 1,000명 등으로 군대를 갖추고, 강화도 갑곶진으로 상륙해 강화성을 침공했고, 곧이어 바다 건너 김포의 문수산을 점령해 한양과의 교통로까지 차단했다.

　　상황이 급박하게 돌아가자 조선은 제주목사였던 양헌수(1816~1888)를 천총(千摠, 정삼품 무관)에 임명, 양헌수는 반격을 준비했다. 10월 18일 김포에 도착한 양헌수는 10월 26일 강화도 문수산성에서 프랑스군의 화력을 경험했다. 조선군은 프랑스군의 화력을 감당하기 어려웠다.

　　양헌수는 『병인일기』●에 "많은 적이 와서 침입하니 중과부적(衆寡不敵, 적은 수로 많은 적을 대적할 수 없음)이었다"며 "죽은 포수가 4명이었고, 나머지는 모두 도주해

정족산성과 전등사
정족산성 남문과 전등사 일원에서는 양헌수가 이끈 조선군과 프랑스군이 치열한 전투를 벌였다. ©강화군청

버렸다. 적은 남문루를 비롯해 성내 민가 29호를 불태웠다"고 적었다. 또 "갑옷을 입고 말에 올라 칼을 빼 들고 가는데 **중도**(中途)에 못 미쳐서 우리 군대는 이미 패하고 돌아오는 길이었다"고 회고했다.

반격의 기회를 엿보던 양헌수의 눈에 문득 정족산성이 들어왔다. 11월 5일 주변 형세를 살피던 양헌수는 덕포진 북쪽 손돌무덤에서 불현듯 강화해협 건너 정족산성을 발견했다.

> "무덤 옆에 초연(悄然, 의기가 떨어져 기운이 없음)히 앉아 있
> 다가 바다 건너 쪽을 주목해보니 강화 쪽에 홀연히 한 작
> 은 산성이 우뚝 나타나 보였는데, (중략) 병사에게 물어보
> 니 그것이 정족산성임을 알게 됐다. 거기에는 전등사라
> 는 절이 있는데, 크지도 작지도 않는다는 것을 알았다.
> 또 거기에는 사고가 있다는 것이다. 대개 지형은 사면이
> 험하고 다만 동남쪽으로 두 길만 트여 있을 뿐, 참으로
> 수많은 장정도 쳐들어갈 수 없는 요새지라고 한다."
> ─『병인일기』 중

이날 양헌수는 "포수 500명이 바다를 몰래 건너가서 잠입하여 점거한다면 적은 우리 손바닥 안에 있을 것"이라며 정족산성에서 반격의 서막을 올릴 뜻을 세웠다. 강화해협을 건너 정족산성으로 들어가는 도하작전을 수립한 것이다.

● 『병인일기』 전문을 번역한 김원모의 「병인일기의 연구」 참조.

전등사 대웅보전 닫집 용머리
프랑스군과 격돌을 목전에 둔 조선군이 적은 글귀로 추정된다.

전등사 대웅보전 기둥
정족산성에서 프랑스군을 기다리던 조선군이 부처님 위신력에 기대며 한 줄기 희망을 걸면서
이름과 글을 적었을지도 모른다.

전등사에 새겨진 조선의 이름들… 패주한 프랑스군

11월 7, 8일 이틀에 걸쳐 양헌수가 이끈 500여 명의 조선군이 바다를 건너 정족산성으로 잠입했다. 정족산성에서 양헌수는 조선군을 맞이하는 (전등사) 스님들을 만났다. 스님들은 양헌수에게 절 안에서 벌인 프랑스군의 행태와 추후를 대비해야 한다는 말을 전한다.

해당 날짜의 『병인일기』을 간추리면, 양헌수는 조선군을 맞이하는 스님 13명에게 현황을 듣는다. 프랑스군 60여 명은 11월 7일 성벽을 뛰어넘어 들어와 절 안에 있는 살림살이에 쓰는 온갖 그릇을 부수고 가지고 온 술과 안주를 진탕 먹고 취해서 돌아갔다. 스님들은 "다시 올 것 같다"고 긴장을 늦추지 말고 전열 정비를 당부했다. 정족산성 안에 자리한 전등사의 스님이 양헌수가 이끄는 조선군을 맞이했다는 이야기는 여흥 민씨 집안에 시집간 나주 임씨가 남긴 『병인양난녹』에도 나온다. 『병인양난녹』은 당시 강화도 거주민이 쓴 유일한 저술이다.

조선군이 강화도에 잠입했다는 말을 들은 로즈는 11월 9일 4개 소대 150명을 정찰대로 파견했다. 앞서 화력 차이를 확인한 프랑스군은 소총만 휴대했다. 정족산성 남문과 동문에서 대규모 전투가 벌어졌고, 프랑스군은 매복한 양헌수와 조선군의 공격을 받고 패주했다. 이때 상황을 양헌수는 이렇게 기록했다.

"적은 갑자기 포성을 듣고 마땅히 놀라 움직일 줄 알았는데 조금도 물러갈 뜻을 보이지 아니했다. 동료가 죽은 것을 보자 왼손으로 그 시체를 이끌고 가면서 오른손으로 총을 쏘아 대니, 절제의 엄격함이 이와 같았다. 우리가 쏜 총알은 불과 100여 보밖에 안 가는데, 적의 총 사정거리는 500보에 이르렀다. 뿐만 아니라 그들이 총을 쏘는데 화승을 사용하지 않고, 그대로 총을 쏘았다. 쏘는 것도 신속했다. 한바탕 접전이 벌어졌다. 미시 초에 이르

러 아군이 말하기를 '탄약이 다 떨어졌습니다'라고 말했
다. 일군(一軍)은 실색했으며, 나 또한 칼을 던지고 앉으
니 정신이 혼몽하였다. 모두가 어쩔 줄 모르고 허둥지둥
하고 있을 때 적도 총 쏘기를 중지하고 퇴주했다."

치열한 전투 후 프랑스군은 30여 명의 사상자를 내고 도주했으며, 조선인 사망자
는 4명 나왔다. 남문을 지키던 이춘일은 칼을 빼 프랑스군과 접전하다 피살됐고,
노인석과 조광보는 성에 다가서는 적에게 총을 쏘다가 전사했다.

전투에서 패한 프랑스군은 11일 강화도 갑곶을 떠나 강화도에서 철수했다.
퇴각 과정에서 프랑스군은 많은 문서를 약탈했는데, 외규장각 문서가 대표적이
다. 전등사 서적 역시 많이 약탈당한 것으로 기록돼 있다.

프랑스군은 패주했지만, 조선군도 더는 쫓아갈 여력이 없었다. 전쟁은 목숨
을 걸어야 하는 사지(死地)다. 강화해협을 건널 때 총을 버리고 도망한 조선군 18
명의 심정은 어땠을까. 남은 조선군은? 총칼로 언제든 적이 목숨을 위협할 수 있
는 시간과 공간 속에 놓였다면, 부처님의 위신력에 한 줄기 희망을 걸지 않았을까.

전쟁을 앞둔 조선의 병사들은 부처님이 계신 전등사 대웅보전 곳곳에 이름이
며 여러 글귀를 남겼다. 이름에 얽인 인간의 존재 의식, 삶의 흔적을 남기고 싶었
는지도 모른다. 병인양요 때 승군(僧軍) 50명이 참가했다는 전등사의 호국불교 사
찰로서 면모는 단순하지 않다. 조선군의 두려움까지 감싸 안은 부처님의 품이 전
등사였는지도 모른다.

전등사 대웅전 닫집 용머리와 기둥에는 전쟁의 흔적이 남아 있다. 정족산성
동문 안쪽에는 승리를 이끈 '양헌수 승전비'가 세워져 역사를 기록하고 있다. ᴨᴨᴨ

147

땅
의
길

사
람
의

길

글. 김경표(수원박물관 학예연구사)

고려 사람들, 강화로 옮기다

강화도 강화읍 고려산 중턱에 있는 '강화 홍릉'은 고려 제23대 고종(高宗, 1192~1259)의 왕릉이다. 안내판 없이는 임금의 능이라고 생각할 수 없을 정도의 초라한 규모다. 고려시대를 대표하는 금속활자기술, 화려함의 극치를 보여주는 고려청자, 세계기록유산이자 국보인 팔만대장경 등 화려한 고려시대 문화를 떠올려보면 홍릉의 규모는 쉽게 이해되지 않는다. 게다가 고려의 수도 개경 부근이 아닌 강화도에 무슨 연유로 고려 임금의 능이 있는 것일까? 800년 전 고려에는 무슨 일이 있었던 것일까?

누구를 위한 천도였나?

1231년(고종 18) 8월 몽골의 살리타(撒禮塔)가 이끄는 몽골군은 고려 내 친몽세력(親蒙勢力)인 홍복원(洪福源, 1206~1258)을 앞세워 고려를 침략했다. 고려 국경 지역인 북계(北界, 현 평안도 일대)의 여러 성이 삽시간에 함락됐고, 귀주성(龜州城, 현 평안북도 구성시)과 자주성(慈州城, 현 평안남도 순천군)만이 항전을 이어 나갔다. 몽골군은 이들 성을 포위하고 본대는 빠르게 수도 개경으로 향했다. 고려는 삼군을 동원해 막으려 했으나, 연이어 몽골군에게 패배하면서 순식간에 개경까지 압박받았다. 결국 12월 몽골과 화친을 맺었고, 몽골군은 북계 지역에 다루가치(達魯花赤, 점령지 파견 관리) 72명을 배치하고 철수했다.

　　고려는 1170년(명종 1) 정중부(鄭仲夫, 1106~1179) 등에 의한 무신정변 이후 100여 년간 무신정권 시대를 맞이했다. 정중부에 이어 경대승(慶大升, 1154~1183), 이의민(李義旼, ?~1196)으로 이어진 무신 권력은 최충헌(崔忠獻, 1149~1219)이 집권한 이래로 최우(崔瑀, ?~1249), 최항(崔沆, ?~1257), 최의(崔竩, ?~1258)까지 최씨 4대가 60여 년간 집권했다. 1231년 몽골이 고려를 침략했을 때는 최충헌의 아들 최우의 집권기였다. 몽골군이 철수하자 최우는 대몽항전을 위해 강화도로 수도 천도를 결정하고 서둘러 천도를 감행한다. 『고려사절요』에는 강화도 천도 모습이 상세히 묘사돼 있다.

"왕이 수도 개경(開京)에서 출발하여 승천부(昇天府, 현 개성 개풍군)에 머물렀다. 다음날 강화도의 객관에 들어갔다. 이때 장마가 열흘이나 계속되어 흙탕물이 정강이까지 차고, 사람과 말이 엎어지고 넘어졌다. 고위 관리와 양가의 부녀자 중에 심지어 맨발로 지고 이고 가는 사람까지 있었다. 의지할 곳 없이 울부짖는 백성들을 이루 헤아릴 수 없었다."

강화도 천도가 결정된 것이 1232년(고종 19) 6월 중순이었는데, 채 한 달이 되기도 전에 실행하면서 장맛비에 아수라장이 된 풍경을 기록한 것이다. 제대로 준비도 되지 않은 채 다급하게 천도하게 된 배경은 무엇이었을까?

먼저 천도 논의과정을 살펴보자. 몽골이 철군한 이후 몽골 침략에 대한 방어책의 논의는 1232년 2월부터 수차례에 걸쳐 진행됐지만, 쉽게 결정 나지 않았다. 최우는 강화도 천도를 원했지만 대신들 대부분이 '개경을 지키고 적을 막자'라는 의견을 냈기 때문이다. 당시 최우와 밀접한 관계가 있었던 정무(鄭畝)와 태집성(太集成)만이 천도를 주장했다. 거듭된 논의에도 결론이 나지 않았고, 6월 최우는 자기 집으로 대신들을 불렀는데 이는 강화천도를 반대하는 대신들에게는 상당한 압박이 됐다. 그런데도 대신들의 반대가 만만치 않았다. 이때 야별초지유(夜別抄指諭) 김세충(金世沖, ?~1232)이 회의장에 뛰어들어 천도론에 반대하는 의견을 내세웠다가 최우에게 죽임을 당하자 더 이상 나서는 사람이 없었다.

그렇다면 많은 대신들의 반대에도 최우가 강화도 천도를 주장하고 실행한 이유는 무엇일까? 몽골의 1차 침략 당시 고려에서 일어난 두 가지 사건에서 그 실마리를 찾을 수 있다.

첫 번째, 친몽세력인 홍복원의 존재다. 홍복원은 몽골의 고려침략 앞잡이 역할을 했을 뿐만 아니라, 1231년 12월 몽골과 화친을 맺기 위해 고려 국왕과 만나

안내판 없이는 임금의 능이라 생각하기 힘든 고려 고종의 왕릉인 강화 홍릉

는 자리에 몽골 사신으로 등장했다. 이러한 홍복원의 행보에 당시 집권자였던 최우는 자기 권력에 위협이 될 존재로 여겼다.

1232년 9월 몽골의 2차 침략 당시 살리타가 처인성 전투에서 전사하면서 몽골군이 철군했다. 이때 북계 지역에 남아 있던 친몽세력인 홍복원 일당이 반란을 일으켰다. 최우는 홍복원 등을 제거하기 위해 자기 사병 3,000명과 북계병마사 민희(閔曦)를 보냈지만, 홍복원이 몽골로 도망가면서 실패했다. 당시 최우는 강화도를 방어하는 일 외에는 자기 사병을 동원하는 경우가 거의 없었는데, 홍복원을 제거하기 위해 이례적으로 자기 사병을 보낸 것이다. 그만큼 홍복원의 존재를 눈엣가시로 판단했음을 알 수 있다.

두 번째, 자주성에서 몽골군에게 끝까지 항전했던 최춘명(崔椿命, ?~1250) 사건이다. 자주성은 북계에서 귀주성과 함께 최후까지 몽골에 항전한 곳이었다. 하

『경기부 충청도 지도(京畿府忠淸道 地圖)』의 개성과 강화도 부근, 조선 후기, 수원박물관 소장

지만 몽골과 화친 이후에도 항전을 이어 나가자 최우는 측근인 태집성과 몽골 관원을 보내 항복을 권유했다. 이에 최춘명은 조정에서 명령이 내려오지 않았는데 어찌 믿고 항복하겠느냐며 오히려 활을 쏘아 쫓아냈다. 태집성은 이에 앙심을 품고 돌아갔고, 살리타는 최춘명을 죽이라고 했다. 이후 왕과 대신들이 최춘명의 형벌을 감해야 한다고 주장하자 수모를 당했던 태집성은 최우를 찾아가 그를 반드시 죽이라 청했고, 최우는 대신들의 반대에도 최춘명을 죽이기로 마음먹었다.

결국 최우가 내시(內侍) 이백전(李白全)을 보내 최춘명을 죽이려 했는데 함께 있던 몽골 관인이 "이는 어떤 사람이오?"라고 물었고 이백전이 "자주(慈州)를 지켰던 자입니다"라고 답하자 "이 사람이 우리에게는 역명(逆命)했으나, 그대의 나라에 있어서는 충신이니 나라면 죽이지 않을 것이오. 그대들이 이미 우리와 화친을 약속하였으니, 성을 온전히 지킨 충신을 죽이는 것이 옳겠소?"라고 하며 오히려 그를 석방할 것을 청해, 최춘명은 목숨을 건졌다. 최우는 임금과 대신들의 반대에도 자신을 무시했던 최춘명을 죽이려 했는데, 몽골의 관인에 의해 그 뜻이 좌절된 것이다.

이러한 일련의 사건에서 보듯이 최우는 몽골과의 화친, 친몽세력의 등장이 자신의 권력 유지에 걸림돌이 될 것으로 판단했다. 결국 그는 임금과 대신들의 반대에도 대몽항전이라는 명분을 내세우며 강화도 천도를 단행했고, 그렇게 고려 강도시대(江都時代)가 개막한 것이다.

강도 도성의 풍경[•]

강화도 천도 후 강도(江都) 정부가 가장 먼저 한 일은 궁궐을 짓는 것이었다. 1232년 7월 2영(二領)의 군대를 동원해 강화도에 궁궐을 짓기 시작했다. 하지만 재차

[•] 김창현, 「강도의 생활공간과 강도인 생활」, 『강화 고려도성 학술기반 조성 연구』, 2017 발췌

1955년에 무너진 문루를 1975년에 복원한 강화산성 남문 안파루(晏波樓)
강화산성은 동문 망한루(望漢樓), 서문 첨화루(瞻華樓), 남문 안파루, 북문 진송루(鎭松樓) 4개의 문이 있다.

몽골군이 침입해오면서 궁궐 건설은 잠시 중단됐다가, 1234년(고종 21) 2월 각 도에서 백성들을 징발해 궁궐과 관아를 지었다. 신하 차척(車倜)의 집을 봉은사로 삼고 민가를 철거해 왕이 행차하는 길을 넓혔다. 궁전과 절의 이름은 개경의 것을 따랐으며, 팔관회(八關會), 연등회(燃燈會) 등은 옛 법식을 따르며 강화도는 수도로서의 면모를 갖춰가기 시작했으며, 1250년(고종 37) 강도 중성을 축조하면서 대략적인 강도 건설은 일단락됐다.

　　강도의 도심은 견자산, 화산(남산), 동락천 주변에 형성됐다. 개경에서 강도로 갑작스럽게 이주하게 된 사람들은 자신들이 살 집을 지었는데, 강도 도성은 개경보다 면적이 작아 건물과 인구밀집도가 매우 높아졌다. 이규보는 『동국이상국후집』에서 1240년(고종 27)에 "멀고 가까이 일천 채의 푸른 기와집이 들쑥날쑥 이어

2003년 복원한 강화산성 동문 망한루(望漢樓)

지고 아침과 저녁으로 만 개의 부엌에 푸른 연기가 피어나네"라고 해서 도성 내 인구밀집도가 높았음을 알 수 있다. 강도에도 개경처럼 도심에 시전에 운영되며 상업지구가 생겼을 것인데, 현 강화중학교 앞에서 남서쪽으로 조선부성 동문-강화 경찰서를 지나 동락천에 이르는 도로를 따라 자리 잡았을 것이다.

강도에서도 사찰 운영은 국가의 중요한 일이었으므로 도성 곳곳에 개경과 마찬가지로 사찰이 들어섰다. 봉은사·법왕사·왕륜사·현성사·건성사·복령사·묘통사·보제사 등 개경 일대의 절들이 강도에 재현됐고, 혈구사·선원사·정업원처럼 개경과 관련 없이 강화에 생겨난 절도 있었다. 그중 선원사는 최우의 원찰(願刹, 자신의 소원이나 죽은 이의 명복을 빌던 사찰)로 팔만대장경을 해인사로 이전하기 전까지 보관하던 곳이다. 또한 도교 행사가 행해지고, 유교시설인 학교도 건립됐다. 강화도에 궁궐, 관청, 신앙장소, 교육시설 등 개경의 모습을 재현하면서 도성으로서의 위용을 갖췄다.

사람과 잣나무 중에 뭐가 더 중한가!

강화도는 개경과 가깝고, 고려 정부는 예로부터 바닷길을 이용해 세금을 거둬들였기 때문에 강도 정부가 지방지배체제를 유지하는 데 좋은 조건이었다. 게다가 몽골군은 해전에 익숙지 않아 항전을 위한 최적의 장소이기도 했다.

하지만 문제는 본토였다. 최우는 몽골의 침략에 대비해 강도의 내외성을 쌓아 방어를 철저히 하면서도 각 지방에는 섬과 산성으로 들어가 몽골의 침략에 대비하라는 명만 내렸다. 사실상 본토에 대한 대비는 각 지방에서 스스로 지키라는 것이었다. 몽골이 개경환도(開京還都)를 요구하며 30여 년간 10여 차례 침략해 왔을 때 강도 정부는 소극적인 외교 정책으로 대응했을 뿐 본토에 군대를 파견한 사

나를 채우는 섬 인문학 강화도

고려궁지에서 바라본 시내 모습, 김경표 제공

례가 거의 없었다.

　게다가 대몽항전을 명분으로 강화도 천도를 주장했던 최우는 오히려 사치와 향락을 즐길 뿐이었다. 그는 자신의 정원을 꾸미기 위해 본토에 있는 잣나무를 뽑아 옮겨 심게 했는데 그때 혹한이 닥쳐 인부 중 얼어 죽는 사람이 생겼고, 그 길옆에 사는 사람들은 집을 버리고 산에 올라 노역을 피했다. 어떤 사람이 승평문(昇平門, 고려 왕궁 정문)에 방을 붙였는데 "사람과 잣나무 중에 뭐가 더 소중한가?"라고 했다. 다음 『고려사』의 기록을 보자.

　　"1245년(고종 32) 5월 종실과 고위직 관료들을 위해 연회를 베풀었다. 이때 산처럼 높은 무대를 설치하고 비단 장막과 능라휘장을 둘러치고, 그 가운데에 그네를 매달아 놓고 수놓은 비단과 화려한 조화로 장식하였다. 큰 화분 4개를 설치하여 그 안에 산봉우리처럼 얼음을 담았으며, 화분에다 은테를 두르고 나전으로 장식하였다. 큰 항아리 4개에는 이름난 꽃 10여 종류를 꽂아서 보는 사람들의 눈을 현혹시켰다. 그리고 기악과 온갖 잡회를 연출시켰는데 팔방상(八坊廂, 고려시대 음악을 담당하던 기관) 공인 1,350여 명이 모두 옷을 차려입고 정원으로 들어와서 음악을 연주하니, 각종 악기와 노랫소리가 천지를 진동하였다. 최우는 팔방상들에게 각기 백금(白金) 3근씩 주었으며, 영관(伶官)들과 양부(兩部)의 기녀(伎女) 및 재인(才人)들에게 금과 비단을 주었는데, 그 비용이 엄청났다."

몽골 침략 이전 고려사회는 무신정권기 지배층의 수탈로 인해 많은 백성이 스스로 도적이 되거나, 정권에 불만을 가진 세력들이 반란을 일으키는 등 내적 모순들이 만연해 있었다. 이러한 고려사회의 문제는 초기 몽골 침략 시에 잠시 봉합되기도 했다. 몽골 침략의 소식을 들은 초적(草賊) 집단이 5,000명을 이끌고 최우에게 귀순해와서 대몽항전에 나서겠다고 제안하는 등 국가의 위기 상황을 지배층과 피지배층이 단결해 함께 극복할 기회가 있었기 때문이다.

하지만 강화도 천도 이후 최씨정권이 국가의 위기를 지키기 위한 체제는 갖추지 못하면서 사치와 향락을 일삼으며 지방사회에 대한 수탈만 더욱 가혹해지자 최씨정권에 대한 반감은 더욱 거세졌다. 거기에 수시로 몽골의 침략을 받으면서 본토 백성들은 이중고에 시달리게 됐다. 그런데도 지방사회는 중앙정부의 도움 없이 수차례 몽골군의 침략에 끈질긴 항전을 이어 나갔다. 그러다 1254년(고종 41) 몽골군의 재침략에 상황이 급변하기 시작했다.

최씨정권의 몰락과 개경환도

이때 몽골군은 대규모 군대를 보냈는데 당시 기록에 따르면 몽골군에게 잡혀간 남녀가 무려 20여만 명이고, 살육을 당한 사람은 이루 셀 수가 없었다고 한다. 그들이 지나간 고을은 다 잿더미로 변했으며, 몽골 침략 이후 이보다 심한 적은 없었다고 전한다. 게다가 1255년(고종 42) 8월부터 15개월여 동안 고려에 주둔하면서 강화도를 포위하고 직접 공격하려는 움직임을 보였다.

강도 정부는 본토와의 바닷길이 끊겨 관리의 봉급을 줄 수 없는 지경에 이르자 강화도의 토지로 대신 지급하는 등 재정적으로나 군사적으로나 궁지에 몰리게 됐다. 이 같은 총체적 난국 속에서 4대째 이어오던 최씨정권도 당시 집권자였던 최의가 1258년(고종 45) 김준(金俊, ?~1268) 등의 무리에게 살해당하면서 종언을 고했다. 최씨정권의 몰락은 더 이상 강도시대를 유지할 동력이 상실했음을 의미했고, 결국 12년 뒤인 1270년(원종 11) 몽골의 요구에 따라 강화도의 왕궁과 성을 모두 파괴하고 개경으로 되돌아왔다.

강도시대 38년은 전 세계를 공포에 떨게 했던 몽골을 상대로 고려가 쉽게 굴복하지 않고, 위대한 대몽항전을 이어갔던 시기였다. 그러나 강화도에 거주했던 지배층과 일반 백성들의 대몽항전은 전혀 다른 것이었다. 지배층은 자기 인위만을 살피며 사치와 향락을 일삼는 동안 일반 백성들은 섬과 산성으로 들어가 목숨을 걸고 항전을 이어 나가야 하는 선택을 강요받은 것이다. 국가의 위기 속에서 지배층과 백성들이 모두 힘을 합쳐 항전하지 못한 결과, 고려는 약 100년간 실질적인 몽골 지배하에 놓이게 됐다. ㅁㅁ

글. 김태식(연합뉴스K컬처기획단장)

시대의 천재 문장가, 이규보

나를 채우는 섬 인문학 강화도

"천도한 새 서울에 날로 더욱 집을 지으니, 수천 마리 누에가 다투어 고치를 짓는 듯. 내 어찌 외로운 노루처럼 들판에서 살리오, 하음 관사 빌려 내 집을 삼았네(新京構屋日滋多, 猶似千蠶競作窠. 我豈孤獐堪野處, 河陰官舍借爲家)."

몽골 침략에 따른 대비를 위해 최씨 막부정권이 주도하던 고려 조정이 고종 19년, 임진년(1232) 6월에 모든 반대를 무릅쓰고 강화로 도읍을 옮길 무렵, 이규보가 그 감회를 적은 '하음(河陰) 객사(客舍) 서쪽 행랑에 우거하며(寓河陰客舍西廊有作)'라는 제목 아래 지은 시 두 수 중 첫수다. 제목에는 "강화로 천도한 뒤에 나만은 집을 짓지 못하고 온 가족과 함께 하음 객사 서쪽 행랑을 빌려 여러 달을 지내다가 떠났다"는 이규보 자신의 설명이 붙었다.

이규보의 영정
그의 시는 해학미가 가득하다.
그처럼 한시(漢詩)로 세계 최정상을
구가한 이는 중국을 통틀어서도
북송(北宋)의 시인 동파 소식
정도만 필적할 뿐이다.

강화로 삶을 옮긴 천재 시인의 말년

두 달 전 이규보는 귀양지에서 풀려나 정의대부(正議大夫) 판비서성사(判祕書省事) 보문각학사(寶文閣學士) 경성부우첨사(慶成府右詹事) 지제고(知制誥)라는 매우 긴 관직에 제수됐다. 하지만 이미 65세가 된, 당시로서는 상노인에 들어서 앞날을 기약하기 힘든 시절이었다. 비단 이규보뿐이었겠는가? 준비한 천도는 아니었기에 모두가 우왕좌왕했으니, 왕궁조차 마련되지 않는 곳으로 느닷없이 도읍을 옮겨야 하는 고충이 오죽했겠는가?

그 고충이 어떠했든 거처조차 마련하지 못한 채 송도 개경을 버리고 시작한 강화 유랑 생활은 놀랍게도 길었다. 이규보는 고종 28년 신축년(1241)에 몰하니 향년 74세였다. 평생 술에 절어 산 그가 이토록 기록적인 장수를 누린 일이 기적처럼

이규보의 영정이 있는 사당 유영각(遺影閣)

다가오기도 한다. 여담이나 그는 간이 튼튼한 집안 내력이 있나 보다.

이규보가 개경을 떠나 강화에 정착할 때까지 임시 거처로 사용했다는 하음 객사의 정확한 위치는 고고학 발굴조사 등을 통해 기다려야 할 듯하다. 그 객사 중에서도 서랑(西廊), 즉 서쪽에 있는 회랑형 건물에서 생활했단다.

이규보 당시 지방관아 역시 조선시대 관아처럼 지방관이 공식 업무를 처리하는 주축 건물을 중심으로 그 별관에 손님 접대를 위한 객사가 있었고, 그 객사는 동서 좌우에 회랑식으로 부속 건물을 뒀으리라 미루어 짐작한다. 하긴 돌이켜 생각하면 급변하는 사태에 강화에 이렇다 할 연고도 없는 공직자들이 관아 건물들을 임시 거처로 사용한 이는 이규보뿐만 아니었으리라. 서랑은 이규보가 사용했지만, 반대편에는 다른 공직자가 쓰지 않았겠는가?

이규보의 묘
원형의 봉분 주변을 따라 잘 다듬은 석조물로 덧댔다.

이규보는 볼수록 놀라운 점들로 점철한다. 우선 그가 남긴 글, 특히 시들에서 느끼는 천재성이다. 그의 시는 해학미가 두드러진다. 단군조선 이래 한시(漢詩)로 세계 최정상을 구가한 이는 중국을 통틀어서도 북송(北宋)의 시인 동파 소식 정도만 필적할 뿐이라고 생각한다. 나아가 이런 천재성에도 불구하고 그의 출세는 생각보다 대단히 늦었다. 10~20대 과거시험에 거푸 낙방한 전력이 있다. 스물두 살에 사마시에 첫 번째로 뽑히기는 했지만, 이듬해 예부시(禮部試)에선 꼴찌 합격자였다. 출세도 한참 늦어 46살이 되어서야 최씨 막부정권의 눈에 겨우 들어 인생 후반기에 우리가 아는 화려한 날들을 맞이하게 된다.

그를 일러 백운거사(白雲居士)라 하지만, 이는 자호(自號)다. 그 자신이 지향한 바가 잘 드러나는 또 하나의 이칭 이상국(李相國)은 그가 훗날 재상 자리에까지 오

이규보의 묘 주변 문인석

른 데서 부르는 이름이다. 후자는 그의 죽음 직후 이미 방대한 전집으로 간행된 그의 문집 이름이기도 하다. 이 『동국이상국집(東國李相國集)』 발문을 보면, 그가 얼마나 당대에 특별 대접을 받았는지도 읽어낼 수 있다. 말년에 이미 당시 집권자 최이[崔怡, 본래 이름은 우(瑀)]가 문집 발간을 추진해 그를 위로하려 했다는 사실을 발문에서 확인할 수 있다.

그의 문집 얘기가 나온 김에, 또 강화와 그의 인연을 말하는 이 자리에서 꼭 짚고 넘어가야 할 대목이 있다. 고려가 이곳에 도읍을 정한 이른바 강도(江都) 시대(1232~1270) 38년 역사를 뺄 수는 없다. 그 역사에서 강화가 자랑하고자 하는 단면이 팔만대장경판 간행이거니와, 근자 연구를 추리건대 대장경판은 남해안 일대에서 만든 것이 확실하다.

이 점에서 비교 대상이 되는 점이 아주 비슷한 시기에 같은 목판으로 간행한 『동국이상국집』이니, 그의 사손(嗣孫) 이익배(李益培)가 쓴 발문[이를 문집에서는 발미(跋尾)라 했다]을 보면 "전집(全集) 41권, 후집(後集) 12권, 연보(年譜) 1축(軸)이 이미 간행되어 세상에 유행하나 잘못된 곳이 많아 이제 고려국 분사대장도감(高麗國分司大藏都監)이 대장경(大藏經) 판각을 마치고 나서, 칙명(勅命)을 받들어 이 문집도 판각하게 되었다"고 한다. 이때가 신해년, 고려 고종(高宗) 38년(1251)이라 하면서, 그 판각 교감(校勘)을 하동군(河東郡) 감무관구학사(監務管句學事) 장사랑(將仕郎) 양온령(良醞令) 이익배(李益培)라 하고, 부사(副使)를 진주목부사(晉州牧副使) 병마금할시(兵馬鈐轄試) 상서공부시랑(尚書工部侍郎) 전광재(全光宰)라 했다.

이 문집도 진주 혹은 하동과 같은 남해안 일대에서 간행했음이 더욱 분명하다 하겠다. 판각한 목판이 유전한 역사는 실물이 남아 있지 않아 알 수가 없다. 대장경이 그런 것처럼 강화로 옮겨졌다가 이후 안전한 보관처를 찾아갔을 것으로 보이지만, 혹 모른다. 강화 그의 본가로 옮겨져 강화 어딘가에 있다가 훗날 사라진 것인지도 말이다. 다만 그의 문집도 대장경처럼 그것이 기획되고 입안 추진된 곳이 강화라는 사실을 잊어서는 안 된다.

이규보의 묘 주변 석양(石羊) 한 쌍

서쪽을 바라보고 눕다

다시 본론으로 돌아가자. 강도(入都) 이후 이규보는 어떠했는가? 당시에는 공무직 정년퇴직 연한이 70세였다. 요즘 우리가 법제화로 강제화하기 시작한 구미식 만 나이가 아니었거니와, 유가 경전 중 하나인 『예기(禮記)』라는 데서 강제화한 70세 퇴직을 생각한다면 70세가 시작점인지 끝나는 시점인지 궁금해진다.

결론만 말하면 70세가 시작하는 그해 정월에 퇴직하는 일이 관례였다. 멀리 신라시대 사례를 보건대, 그 유명한 김유신은 595년생이며 70세가 시작하는 시점 인 문무왕 4년(664) 봄 정월에 나이가 많음을 이유로 벼슬에서 물러나겠다고 요청 했다. 허락하지 않고서 안석과 지팡이를 내려준 일은 70세가 지닌 의미를 잘 보여 준다. 이규보 역시 이 관례에 따라 70세가 시작되는 시점을 코앞에 둔 병신년(1236 년, 고종 23) 12월에 명예퇴직 신청서인 걸퇴표(乞退表)를 올렸지만, 허락받지 못했

다. 그렇다고 가만있으면 또 욕을 먹기 마련이라, 이듬해 7월에 다시 퇴직을 요청
했다. 고종은 이번에는 못 이기는 척하며 받아들였고, 이규보는 마침내 그해 12월
금자광록대부(金紫光祿大夫) 수태보(守太保) 문하시랑평장사(門下侍郎平章事) 수문전
태학사(修文殿太學士) 감수국사(監修國史) 판예부사(判禮部事) 한림원사(翰林院事) 태
자태보(太子太保)로 치사(致仕, 늙어 벼슬에서 물러남)한다.

　이때 칙명을 받들어 대장경 목판에 부치는 임금과 신하들의 발원문을 썼다.
퇴직 이후 그의 삶을 그의 연보에서는 "공은 비록 벼슬에서 물러나 집에 있었으나
국조(國朝)에 대한 고문대책(高文大冊)과 이조[異朝, 몽골을 말하는 듯(인용자)]에 오가는
서표(書表) 등 일이 있으면 하지 않은 바가 없었다"고 한다.

　그러다가 74세에 접어든 그해 7월에 이규보의 병이 깊어졌다. 진양공(晉陽公)
최이(崔怡)가 명의들을 보내 문병과 치료를 거듭했지만, 눈을 감았다. 사료를 보면

나를 채우는 섬 인문학 강화도

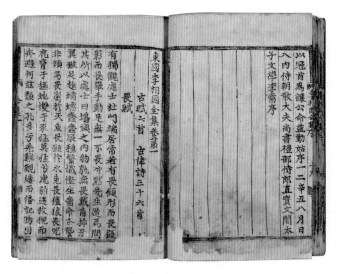

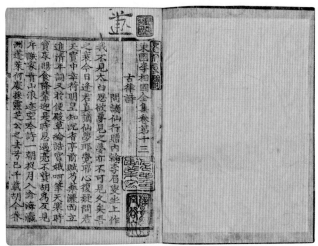

『동국이상국전집(東國李相國全集)』, 국립중앙박물관 소장
당시 집권자 최이가 이규보를 위로하고자 발간을 추진한 문집으로,
당대 이규보의 위치를 확인할 수 있다.

"공이 평소에 저술한 전후문집(前後文集) 53권을 모두 가져다가 공인(工人)을 모집하여 빨리 새기라고 독촉힘으로써 공이 죽기 전에 한 번 보이고 마음을 위안시키려 했"지만, 공사가 워낙 커서 끝을 보지 못한 채 "9월 초이튿날 갑자기 늘 누운 자리를 떠나 바로 서쪽을 향해 누워 오른쪽 갈빗대를 자리에 붙이고 밤이 되자 잠든 듯이 졸했다." 죽을 때가 되어 서쪽을 바라보고 눕는 것은 관례였다.

죽은 그에게는 문순공(文順公)이라는 시호(諡號)가 내려졌고, 그의 유해는 죽은 지 대략 석 달 만인 그해 12월 6일 경인(庚寅)에 진강산(鎭江山) 동쪽 기슭에 장사 지내게 된다. 그 무덤이 인천광역시 강화군 길상면 까치골길 72-17번지 일대에 자리 잡고 있다.

생전에 개경 환도가 이뤄졌다면 당연히 그의 무덤은 개경 주변 어딘가에 있었을 테지만, 그대로 남아 이규보를 강화 인물로 만드는 결정타가 되고 있다. 이 무덤이 아니었던들, 강화가 이규보를 강화의 인물로 선전하는 일은 없었을지도 모른다. 그런 점에서 고려 조정이 개경으로 환도하고 나서도 왜 그 후손들이 그의 무덤을 개경으로 이장하지 않았는지 궁금증을 자아낸다. 귀찮아서였을까? 아니면 내 무덤은 나중에 옮기지 말라는 유언이라도 있었을까? 그리고 보니, 강화에는 강도 시대 이곳에 만든 왕릉 혹은 그에 준하는 무덤이 5기인가 있는 것으로 아는데 그것들도 옮기지 아니하고 그대로 두었으니, 이규보 무덤 또한 이장하지 않은 맥락을 함께 이해해 볼 만하다 하겠다.

그의 무덤은 강화를 갈 때마다 들르는 곳이기도 하거니와, 그때마다 묘한 상념을 지울 길 없다. 이곳에 묻히는 그 자신이 애잔했을까? 현재 그의 묘역을 보면 원형의 봉분 주변을 따라 잘 다듬은 석조물로 덧대었으니, 이건 아무리 봐도 무덤을 처음 만들 당시 그 본래 모습에 가까운 것이 아닐까 하고 짐작한다. 그 앞에 둔 상석과 장명등, 문인석과 무인석, 망주석과 석양(石羊) 한 쌍은 본래 것인지 아니면 후세에 덧보탠 것인지는 단언하지 못하겠다. 다만, 이를 조사한 강화군에서는 이른바 고졸미를 들어 고려 당대 석조물로 본다는 자료를 접하기는 했다.

현지 안내판을 보면 이 묘역은 1967년 문중에 의한 대대적인 정화사업이 진행되고, 그 목적으로 재실(齋室)과 유영각(遺影閣)을 복원해 놓았다. 이를 고리로 삼아 강화에서는 강화문학관에 이규보 문학을 강화의 유산으로 자리매김하는 코너를 별도로 마련했다.

경을 등지고 앉아 외운 백운거사

그렇다면 강화를 고리로 삼은 이규보와 불교의 접점은 어떠했는가? 이를 두 가지 사례로 증언하고자 한다. 그 시대 여느 지식인이나 마찬가지로 이규보 역시 독실한 불교신자였다. 그의 문집에 첨부한 그 연보 말미에 아들 이함(李涵)이 그 일생을 간평하기를 "공은 평생에 집안 살림은 경영하지 않고 늘 시와 술로 오락을 삼았는데 비록 의상[蟻床(침상)]에 누워서도 시를 끊임없이 읊었다. 또『능엄경(楞嚴經)』을 좋아해 심지어 경(經)을 등지고 앉아 외기까지 했다"고 할 정도다.

그러면서 "나중에 임종에 이르러서는 아내와 자식들을 물리쳐 시끄럽게 떠들지 않도록 하고 조용히 세상을 떠났으니 활달하고도 참다운 군자라 하겠다" 했으니 비록 술과 시를 일생 벗으로 삼기는 했지만 살아있을 적에나 죽음에 이르러서도 단 한 시도 불교를 떠난 적이 없다고 해도 과언이 아니다. 더구나『능엄경』은 아예 전체를 외기도 할 정도였으니 말이다. 또 하나 빠뜨릴 수 없는 불교와 이규보의 연결고리는 정유년, 곧 고종 24년(1237)에 있다. 그는 나이 70세에 대장경각판(大藏經刻板)의 '군신기고문(君臣祈告文)'을 지었다. 이에서 말하는 대장경이 바로 우리가 아는 그 팔만대장경판으로 고려왕조로서는 두 번째 불경 전질 간행이라는 점에서 재조대장경(再雕大藏經)이라 일컫는다.

군신기고문이란 임금과 신하들이 일심으로 그 대장경 조판에 즈음해 소원을 적은 글이라는 뜻이다. 대장경 완성은 1251년이니, 저 발원문은 그러한 대역사에 고려가 돌입하면서 그 사업을 부처님께 고하는 맹서문인 셈이다.

이 맹서문을 쓴 그해에 그는 벼슬길에서 물러났다. 공무원 생활 대미를 장식하는 그때 국가적 대사업의 팡파르를 올리는 글은 당연히 당대 최고의 문호로 일 컫는 이규보가 쓸 수밖에 없었다. 이 맹서문은 그 직접 발단이 달단(達旦), 곧 몽골 침략에 있음을 분명히 하면서, 불심이 없는 그들이 불상과 범서(梵書)조차 마구 불 태워 버리는 만행을 저지르고 그 과정에서 부인사(符仁寺)에 소장한 대장경(大藏經) 판목 또한 남김없이 잿더미로 사라졌다고 울분을 토한다.

그렇지만 넋 놓고 있을 수만은 없어 "이런 큰 보배가 없어졌는데도 어찌 감히 역사(役事)가 클 것을 염려하여 고쳐 만드는 일을 꺼려하겠습니까?"라고 반문하면 서, 지금 고려가 군신이 힘을 합쳐서 대장경을 다시금 새기는 대사업을 벌이는 당 위를 역설한다.

> "진실로 발원의 지극한 정성이 전조(前朝)에 부끄럽지 않
> 으니, 원하옵건대 제불성현 삼십삼천(諸佛聖賢三十三天)은
> 간곡하게 비는 것을 살피시고 신통한 힘을 빌려주시어 흉
> 악한 오랑캐를 물리치고 다시는 우리 국토를 밟는 일이
> 없게 해 주소서. 전쟁이 그치고 나라 안팎이 편안하며, 모
> 후(母后)와 저군(儲君)이 무강한 수를 누리고 나라의 국운
> 이 만세토록 유지되게 해 주소서. 그리하면 제자 등은 마
> 땅히 노력하여 더욱 법문(法門)을 보호하고 부처의 은혜
> 를 만분의 일이라도 갚겠습니다. 제자 등의 간절히 비는
> 마음 지극하오니 밝게 살펴 주시기를 삼가 바랍니다."

고려왕조로서는 원치 않았을 강화 천도는 강화엔 이규보라는 뜻밖의 천재 시인을 선물로 안긴 반면, 이규보에게는 영원한 안식처를 주었으니, 그 천도는 이른바 원 원이었던 역사의 선택이었을까? ௰௰

글. 김선(불교문화재연구소 연구관)

진실한 앎과 독실한 행동,
강화학파 이건창

강화학파 그리고 이건창

강화학파는 숙종 말년 은퇴 후 강화도에서 학문을 닦는 정제두(鄭齊斗, 1649~1736)의 양명학풍을 이은 조선시대 후기의 학파다. '양명학파', '강화학파'라 두루 이름한다. 정제두는 일찍이 양명학(陽明學)에 심취했는데, 당시 유교의 성리학으로 통치이념을 삼은 조선 사회의 정통주의 고집 탓에 양명학은 종종 이단으로 여겨지기도 했다. 그래도 사헌부 대사헌과 이조참판 등을 두루 지낸 정제두는 영조의 보호 아래 확고한 신념으로 양명학파를 확립해 나갔다.

양명학은 명나라 왕양명(王陽明)이 주창한 유학의 한 계파로, 기존 성리학에 많은 이의를 제기한 학문이다. 지행합일(知行合一)을 추구하는 등 지식인들의 적극적인 실천을 독려하는 학문으로, 조선 후기 실학파인 북학파와 이용후생학파에 사상적 영향을 끼치기도 했다.

양명학파는 양명학을 수용하고, 특정 문호를 세우지 않고 오롯이 자기에게 충실하는 실학 전통을 이어 나갔다. 특히 양명학을 비판적으로 수용했을 뿐만 아니라 고증학의 방법론을 주체적으로 연구했다. "오늘날 주자의 학문을 말하는 자는 주자를 배우는 게 아니라 주자를 핑계대는 것이요, 나아가 주자를 억지로 끌어다 붙여 그 뜻을 성취시킨다"고 지적한 정제두의 비판에 양명학파의 방향성이 드러난다. 강화학파는 인간의 본질을 탐구하며 정제두의 양명학적 사유를 수용했다.

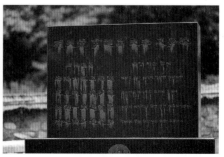

실리를 추구하고 고승의 찬을 썼던 이건창의 복원된 생가

복원된 이건창의 생가 명미당(明美堂)

이건창의 생가 현판 명미당(明美堂)

당대 지식인들과 그 후예들로 학파가 된 강화학파는 일본 제국주의 침략에 강렬히 저항하기도 했다. 당쟁의 폐해를 비판하던 이건창(李建昌, 1852~1898)은 갑오경장이 단행되자 관직을 사양하고 강화로 낙향했다. 인천광역시 강화군 화도면 해안남로 11번길 6에는 이건창 생가(인천광역시 기념물)가 있으며, 강화군 건평리(인천광역시 기념물)에는 이건창의 묘가 있다.

이건창은 할아버지인 이조판서 이시원(李是遠, 1790~1866)이 개성부(開城府) 유수(留守)로 지낼 때 유수부 관아에서 태어났다. 출생지는 개성이지만, 조상 대대로 강화도에서 살았다. 이건창도 관직을 버리고 강화도로 낙향하면서 그의 집안은 지식인 학자 가문으로 자리매김했다. 그들의 후손은 전통적으로 강화도에서 양명학을 가학(家學)으로 발전시켰으며, 이건창 자신 역시 강화학파의 계승자이기도 하다.

5세 때부터 문장을 지었다고 전해질 정도로 천재인 이건창의 스승은 바로 할아버지 이시원이었다. 이시원은 손주 이건창에게 강렬한 인상을 남기고 세연을 접었다. 1866년 병인양요 때 강화의 행정 책임자가 도망가고 많은 서책과 유물들이 약탈당했는데, 당시 76세 고령이던 이시원은 "나라의 녹을 먹었던 사람으로서 부끄럽지 않게 책임지겠다"며 손자 이건창에게 절명시를 남기고 순절했다. 그해 이시원의 순절을 기리는 별시 문과가 열리는데, 이건창이 급제했다. 1852년생인 그의 나이 만 14세 때 일이며, 조선의 최연소 과거 합격자에 이름을 올렸지만, 너무 어려 바로 관직에 나아가진 못했다.

객관적인 실리를 추구한 문장가

이건창의 많은 작품 중 강화에서 지은 작품과 강화에 대한 작품 몇몇을 보면 그를 헤아려 볼 수 있다.

이건창은 개항을 빌미로 미국이 강화도를 침략한 신미양요에서 전사한 어재연(魚在淵, 1823~1871)의 애사(哀辭)를 썼다. 『진무중군어공애사(鎭撫中軍魚公哀辭)』 중 「부애사후서(附哀辭後書)」가 그것이다. 어재연이 이끌던 소수 병력은 미국의 화력을 당할 수 없었고, 많은 사상자가 나왔다. 패전을 알고 도망간 사람들이 국법으로 벌 받는 게 두려워, 전사한 이들에게 죄를 뒤집어씌워 죽은 자들을 매도하는 것을 이건창은 두고 볼 수 없었다. 죽음의 실상을 사실과 부합하게 서술했는데, 이는 이건창이 타인의 말을 가려듣는 한편 안목도 탁월한 문장가였음을 알 수 있다. 이 애사는 이건창이 '아(我)'와 '실(實)'을 중요시하는 양명학적 관점에서 지은 것으로 볼 수 있다.

서울 관직에 있을 때인 1884년 모친상을 당한 이건창은 임종을 지켜보지 못한 채 3년 상을 치르며 「협촌기사(峽村記事)」를 지었다. 이 시는 모친 상중에 두메산골에 사는 백성들의 고달픈 현실을 공감하며 빈부격차에 대한 회의감을 드러내고 있다. 이는 빈부 차이 해소를 위해 토지 소유를 호당 3결로 한정할 것을 주장한 조선 양명학의 토지제도 개혁론을 떠올리게 한다.

1888년 부친의 사망으로 연이은 부모상을 당한 이건창은 강화에 오래 머물게 됐는데, 이 무렵 대표적인 저서인 『당의통략(黨議通略)』을 저술했다. 『당의통략』은 조부 이시원이 선인들과 함께 올린 상소문과 고관들의 행장이나 문장 등을 기록한 100권 분량의 『국조문헌(國朝文獻)』 가운데 당쟁과 관련한 내용을 발췌하고, 당쟁을 분석한 것에 의견을 덧붙여 편찬한 저술이다.

『당의통략』은 자신의 가문이 속한 소론의 당론에만 치우치지 않고 비교적 공정하고 객관성을 유지했다는 평가를 받고 있다. 가문이 당쟁의 폐해를 피하고자 강화도로 이주한 일이 있었던 이건창은 당쟁을 끝내야 나라가 바로 선다는 생각이 강했다.

　유배됐다가 강화도로 돌아온 1896년 이건창은『명미당시문집서전(明美堂詩文集叙傳)』을 짓는다. 생이 얼마 남지 않은 것을 자각하고 삶을 정리하면서 자신을 평가한 글이다. 동갑인 고종이 조정에서 따뜻하게 대해준 것, 탐욕스럽고 잔혹한 짓을 일삼는 세도가의 자제(子弟) 충청감사를 처벌하게 만들자 무고로 유배를 떠나게 된 것, 고종이 총애하던 이의 잘못을 지적하자 다른 일로 분노한 고종이 두 번째 유배를 보낸 것, 서양과 통상해야 한다고 쓴 청(淸)나라 황준헌(黃遵憲)의『조선책략(朝鮮策略)』을 고종에게 바친 김홍집(金弘集)이 황준헌을 기만한 것, 함흥에서 난을 평정한 과정 등을 기록했다. 이건창의 삶을 통해 구한말 역사를 살필 수 있는 귀한 기록이다. 특히『명미당시문집서전』도 이건창의 양명학적 사고를 엿볼 수 있다. 자신이 경험한 역사 사건을 바탕으로 우리나라의 현실을 바로 인식하고 현실에 부합한 실(實)을 모색하고 추구해야 한다는 논리가 담겼다.

　이처럼 이건창은 양명학과 떼려야 뗄 수 없는 인연이다. 태어나면서 자연스럽게 양명학을 익혔고, 관직에 있을 때나 정치적 의견을 내세울 때, 자신이 쓴 저술이나 시문에서도 양명학적 사고를 내비치고 있다.

　양명학이 자신을 드러내는 것에 힘쓰지 않는 것처럼 이건창도 스스로 양명학자임을 드러내지는 않았다. 그러나 그의 작품 곳곳에는 양명학자의 사고가 자연스럽게 드러나고, 그가 살면서 익히고 실천한 양명학이 그의 생애 전반에 자연스럽게 지배하고 있음을 알 수 있다.

고승의 찬을 쓴 쌍수거사

유학자 이건창과 불교의 인연을 살펴볼 수 있는 자료가 있어 흥미롭다.

　　氣宇堂堂 棒頭有眼　기세는 당당하고 주장자 끝에 눈이 있다.
　　取彼溟渤 擬議便差　푸른 바다 물결치니 생각과는 같지 않으나

양명학, 강화학파와 떼려야 뗄 수 없는 이건창의 묘

이건창의 조부 이시원이 불사에 참여한 전등사 대조루(對潮樓)

의심의 구름 해결한지 오래되었으며

응수함을 놓아두고 시마저도 내버렸네!

애초 망녕 알고 나면 허깨비가 없을게고

깨치고도 이어 닭아 곁가지를 없앤다네!

깨쳤는데 어찌 인증을 구해야 하며

진공인데 어째서 반연을 지으려는가?

청하노니 그대 속히 분명하게 말해주소:

번개 속 실을 꿰려 해도 때는 이미 늦으리!

貌如其心 奮無畏音　모습은 마음과 같아 두려움 없는 말을 한다.

納之一函 潭北湘南　함명을 거두니 담의 북쪽이요 상의 남쪽이다.

- 通政大夫 左承旨 李建昌 題 (정운 스님 역) ●

순천 선암사에 있는 함명 태선(函溟 太先, 1824~1902) 스님 진영에 이건창이 쓴 찬문이다. 이건창은 이외에도 선암사의 근대 승려인 경운 원기(擎雲 元奇), 침명 한성(枕溟 翰醒)의 진영에도 찬문을 지었다. 유학자 이건창이 스님들의 진영에 글을 쓴 이유가 무엇일까?

1841년, 강화 전등사의 대조루(對潮樓)를 수리한 일이 있다. 대조루 불사에 참여한 인물 중 강화학파 정제두의 고손자 정문승(鄭文昇)과 이건창의 조부 이시원이 포함돼 있다. 이시원은 1855년 대웅전 중건 시에도 이름을 올렸다.

1899년에는 전등사 시왕전(十王殿)과 전각을 중수했는데, 「강화부전등사 시왕전여각전 중수기(江華府傳燈寺十王殿與各殿重修記)」를 이건창의 아우 이건승(李建昇)이 작성했다. 시주자 명단에 이건창, 이건방, 정원세 등 강화학파의 학자들이 다수 포함●●돼 있다. 이건창 일가가 전등사와 밀접한 관련이 있음을 보여준다.

이건창이 4명의 스님 진영에 찬문을 지은 이유를 다른 곳에서도 만날 수 있다. 일제강점기 발간된 불교잡지 『해동불보』 제6호(1914)에 「서영재학사고경운장로게후(書寗齋學士叩擎雲長老偈後)」 기사에서 이건창과 경운 스님의 인연을 소개하는데, 단초를 얻을 수 있다.

疑雲未決已多時　의심의 구름 해결한지 오래되었으며

且置寒暄且置詩　응수함을 놓아두고 시마저도 내버렸네.

明初卽妄非幻翳　애초 망녕 알고 나면 허깨비가 없을게고

悟後仍修定駢枝　깨치고도 이어 닦아 곁가지를 없앤다네.

了達何須求證悟　깨쳤는데 어찌 인증을 구해야 하며

眞空那有應緣期   진공인데 어째서 반연을 지으려는가?

請君速勘分明語   청하노니, 그대 속히 분명하게 밀해주소.

電裏穿針擬議遲   번개 속 실을 꿰려 해도 때는 이미 늦으리.

— (김상일 역) ●●●

"진공(眞空)인데 어찌 인연을 지으려 하는가? 속히 분명히 답해달라"는 내용이다. 유학자 이건창이 1893년 조양(兆陽, 전남 보성)에 유배 중일 때, 선암사 경운 스님을 만난 듯하다.

1890년 조성된 「순천 선암사 대승암 중건기(順天仙巖寺大乘庵重建記)」 현판에는 '雙修居士 李建昌(쌍수거사 이건창)'이라는 이름을 올렸다. '거사'라 필명을 붙인 것이 특이하다. 상세한 이유를 알 수 없지만 유배 이전에 조성된 현판에 이름을 올렸다면, 이건창은 선암사 스님들과 그전부터 교유를 형성했던 것으로 보인다.

강화도 마니산 가는 길, 한쪽 모퉁이에 이건창 생가가 복원돼 있다. 명미당(明美堂) 현판을 걸어 이곳이 이건창 생가임을 알 수 있다. 옛 건물이 제대로 복원됐는지는 잘 모르겠다. 이건창의 묘는 강화 서쪽 바다에 있다. 정수사 가는 길, 혹은 전등사 오르는 길에 100년 전 그 길을 걸었을 사대부를 생각하는 것도 훌륭한 '역사의 길'이 될 듯하다. ᑎᑎᑎ

● 『불교신문』 3149호, 2015년 10월 31일
● 『인천의 전통사찰과 불교미술』, 인천광역시 역사자료관, 2011년, 22~24쪽
● 「화엄종주 경운 원기의 생애와 사상」 24, 『한국불교신문』, 2021년 4월 19일

마음의 길

글. 최연주(동의대 교수)

대장경을 조성하다

나를 채우는 섬 인문학 강화도

몽골 침입과 대장경 조성

1231년(고종 18) 8월 몽골은 고려를 침공했고, 1232년(고종 19) 7월 최우는 강화(江華)에 새 도읍을 설치했다. 강화경(江華京, 지금의 인천시 강화군)으로 도읍을 옮긴 고려 정부는 1236년(고종 23) 대장경 조성사업에 착수했고, 1251년(고종 38) 9월에 완료했다. 고려는 모든 역량을 모아 16년간 8만여 매의 대장경판을 새겼다.

770여 년간 온전하게 보관된 팔만대장경이 왜, 어디서, 어떻게 판각되었는지 등 사실(史實)을 구체적으로 알려줄 사료는 매우 적다. 하지만 몇 가지 사실을 가늠할 수는 있다.

『고려사』세가 고종 38년 9월 임오일 기사에 "왕이 도성(都城) 서문(西門) 밖에 있는 대장경판당(大藏經板堂)에 행차하여 백관(百官)을 거느리고 분향(焚香)했다. 현종(顯宗) 때에 새겼던 판본(板本)은 임진년(壬辰年) 몽골과의 전쟁 때 불타버렸으므로 왕이 신하들과 함께 다시 발원(發願)하여 도감(都監)을 설치하였는데 16년 만에 일을 마쳤던 것이다"라고 기록돼 있다. 여기서 대장경 조성에 관한 대략적인 사실을 확인할 수 있다. 첫째, 현종 때 조성한 대장경이 임진년 즉 1232년 몽골군에 의해 불탔다. 둘째, 대장경을 다시 조성하기 위해 도감(都監)을 설치했다. 셋째, 대장경 판각에 16년이 걸렸다. 넷째, 완성된 대장경은 대장경판당(大藏經板堂)에 보관했다.

이규보가 1236년 대장경 조성을 발원하면서 지은 「대장각판군신기고문(大藏刻板君臣祈告文)」(『동국이상국집』 권25)에서는 보다 구체적인 내용을 파악할 수 있다.

주요 내용 중 "(몽골군) 그들이 지나가는 곳에 있는 불상(佛像)과 범서(梵書)를 마구 불태워버렸습니다. 이에 부인사(符仁寺)에 소장된 대장경 판본도 남김없이 태워버렸습니다"에서 1011년(현종 2) 거란군 침공 때 만든 대장경판이 부인사에 보관되어 있었음을 알 수 있다. 그리고 "이제 재집(宰執) 문무백관 등과 함께 큰 서원(誓願)을 발하여 이미 담당 관사(官司)를 두어 그 일을 경영하게 하였고"에서는 담당 관사(官司), 즉 도감에서 대장경 조성을 주도했음을 알 수 있다.

마음의 길

국보) 내부

을 물리치고자 국사 사업으로 대장경을 조성했다.

마지막으로 "현종 2년에 거란주(契丹主)가 크게 군사를 일으켜 정벌하자, 왕은 남쪽으로 피난하였습니다. 거란군은 오히려 송악성(松岳城)에 주둔하고 물러가지 않았습니다. 왕이 신하들과 함께 더 할 수 없는 큰 서원을 발하여 대장경 판본을 고른 뒤에 거란군이 스스로 물러갔습니다. 그렇다면 대장경도 한가지이고, 전후 판각한 것도 한가지이며, 군신이 함께 서원한 것 또한 한가지인데, 어찌 그때에만 거란군이 스스로 물러가고 지금의 달단(韃靼, 몽골)은 그렇지 않겠습니까"에서는 대장경 조성의 목적이 드러나 있다. 현종 때 거란군을 격퇴하기 위해 대장경을 조성했듯이, 이번에는 몽골군을 격퇴하기 위해 대장경 조성에 착수했다고 한다.

대장경 조성과 도감, 그리고 강화경

대장경 조성은 국가 사업으로 진행됐다. 필요한 게 많았다. 사업 기획과 운영을 위한 기구 설치, 홍보, 경비 조달, 판각에 필요한 재료 확보와 지원, 각수(刻手) 및 노동력 확보 등이 뒷받침되어야 8만여 매의 경판이 완성될 수 있다.

그래서 고종(高宗)은 문무백관들과 함께 논의해 대장경 조성을 위한 기구인 관사(官司), 즉 도감(都監)을 설치했다. 고려시대 도감은 일이 있으면 설치하고 일이 없으면 혁파하는 임시 기구였다. 이는 경전 각 권말에 새겨진 간기(刊記, 간행의

『마하반야바라밀경』 권 13 13장, 해인사 제공
임대절(林大節)은 '진사임대절간(進士林大節刊)'이라고 새겨 자신이 과거급제한 진사임을 밝혔다.

기록)에서 확인할 수 있다.

"□□세에 고려국의 대장도감(분사대장도감)에서 황제의 명을 받들어 새기고 만들었습니다(□□歲高麗國大藏都監(分司大藏都監)奉勅雕造)."

현재 해인사에 보관 중인 대장경판의 경전 각 권말에 새겨진 위의 간기를 통해 대장도감과 분사대장도감이 운영됐음을 알 수 있다. 두 도감은 대장경 판각을 위한 임시 기구지만, 대장경 조성이 국가 사업인 만큼 국가의 행정이 깊이 관여했을 것이다. 그래서 정부 통치조직 전체를 조성기구로 전환한 것으로 보기도 한다.

대장도감은 문무백관 등이 참여하는 협의체로 운영됐으며 기획과 이론적 토대 구축, 홍보 등 실무를 담당하면서 경판을 판각했을 것이다. 경판 판각을 위해서는 경전 내용 확정과 교열, 그리고 정서(淨書, 글을 다시 바르게 베낌) 등은 물론 각수, 판목(板木) 등도 조달돼야 원활하게 추진될 수 있다.

당시 강화경은 기존 수도였던 개경(開京) 못지않게 도시 기반 시설을 갖추고 있었고, 조세는 물론 국가에서 필요한 물자도 어려움 없이 공급되고 있었다. 따라서 대장도감은 인적·물적 자원의 조달 등과 관련한 업무를 조율하는 기능을 수행했을 것이다. 대장도감의 기능과 업무 등을 고려해 볼 때 핵심 기구로서 강화경 도성에 설치돼 운영됐다. 한편 당대(當代) 유불학(儒佛學)의 지식인 이규보(李奎報)와

정안(鄭晏), 불교계에서는 승통(僧統) 수기(守其) 스님 및 수좌(首座) 천기(天其) 스님 등이 역할을 분담해서 사업의 입안(立案)과 기획, 홍보 등을 맡았고 최씨 무인정권이 그 실무를 맡아서 추진했을 것이다.

그렇다면 분사대장도감이 수행한 역할과 기능은 어떠했을까. 구체적으로 이해하기 위해서는 각 도감에서 판각한 경판의 수량을 검토할 필요가 있다. 『고려대장경』 인출본을 대상으로 대장도감과 분사대장도감에서 조성한 경판 수량을 조사한 결과는 〈표〉와 같다.

구분/년	산출량(張)			비고
	대장도감	분사도감	미상	
고종 24	2,957			강화도 외성(外城) 완공
고종 25	12,583		24	윤4월 황룡사탑 소실
고종 26	6,411			4월 몽골군 철수
고종 27	7,241			
고종 28	7,047			
고종 29	8,964			10월 최우(崔瑀) 진양공이 됨
고종 30	25,480	6,095	262	2월 지방 순문사 및 권농사 파견 정안(鄭晏) 남해로 퇴거
고종 31	31,911	7,543	159	정안『금강삼매경론』 간행
고종 32	15,293	1,310		정안『금강반야바라밀경』 등 간행
고종 33	9,732	844	60	정안『불설예수시왕생칠경』 간행
고종 34	2,335	609		7월 몽골군 침입 (아모간 지휘)
고종 35	38	723		3월 최항(崔沆) 추밀원지주사 (樞密院知奏事)로 삼음
고종 36				11월 최우 사망
고종 37			30	1월 승천부 궁궐 완공 8월 강화도 중성(中城) 완공
고종 38			22	5월 정안 백령도 유배 후 처형 9월 고종 대장경판당 분향
無간기	12,810			
합계	160,483			

〈표〉 팔만대장경 경판 산출 추이

조사 결과에 따르면● 대장도감은 1237년(고종 24)부터 1248년(고종 35)까지, 분사 대장도감은 1243년(고종 30)부터 1248년까지 경판을 판각했다. 1249년(고종 36)에는 경판이 판각되지 않았고, 1250년(고종 37)~1251년(고종 38)에 판각된 20~30여 장은 도감을 알 수 없다. 따라서 판각이 마무리된 시점은 1248년으로 12년간 사업이 진행되었다고 할 수 있다. 나머지 3년은 정리한 시기로 추정하고 있다.

대장도감과 분사대장도감의 판각 기간과 판각량을 비교하면 분사대장도감은 전체 10%에도 못 미치는 수량이고, 판각 기간도 6년이다. 그래서 분사대장도감은 조성사업 초기에는 판각에 필요한 인적 자원과 물자의 조달에 집중했고, 1243년부터 1248년까지 경판을 판각했다고 할 수 있다.

대장경 조성에 필요한 인적 자원인 필사자, 각수, 목수 등의 참여와 관련 물자의 원활한 조달 등을 고려해 볼 때 분사대장도감은 여러 곳에 분산해 설치했다고 보는 게 맞다. 이와 관련 주목되는 기록이 있다.

『종경록』권27의 간기는 '정미세고려국분사남해대장도감개판(丁未歲高麗國分司南海大藏都監開板)', 『당현시범』권하의 간기는 '병오세개령분사대장도감개판(丙午歲開寧分司大藏都監開板)', 이규보 문집 『동국이상국집』후집 권12에 간기가 '신해세고려국분사대장도감봉칙조조(辛亥歲高麗國分司大藏都監奉勅雕造)'로 새겨져 있다. 경남 남해와 진주, 그리고 경북 김천의 개령에 분사대장도감이 있었음을 알 수 있다.

계수관(界首官, 지방 행정구역의 수령)이 파견된 대읍(大邑, 주민과 생산물자가 많은 큰 고을)인 경남 진주를 비롯하여 남해 등 다양한 지역에 분사대장도감을 설치하고 운영했다. 이는 1248년에 간행된 『남명천화상송증도가사실(南明泉和尙頌證道歌事實)』의 발문에서 구체적으로 이해할 수 있다.

● 동아대 함진재 소장 인출본을 대상으로 조사했으며, 일부는 약간의 차이가 있을 수 있다.

"나는 평소에 불전(佛典)을 믿어 특별히 『남명천화상송증도가사실』 1부에 마음을 두고 있었다. (중략) 무신세(1248년)에 (전광재는) 경상도 안찰사 겸 대장도감의 분사도감직을 맡으니 개인적으로 기쁘고 다행으로 생각하였다. 그러나 초본(草本)이 잘못되고 소략해 곧바로 판각을 시작하지 못하였다. 때문에 (분사대장도감의) 간사(幹事)인 비구(比丘) 천단(天旦)에게 일을 부탁하여 맡겼다. (그는) 선백(禪伯)인 거상인(擧上人)이 교정을 맡도록 하였으며 뛰어난 필사자를 모집하여 정성스럽게 쓰게 하고 숙달된 각수를 선발하여 새기게 하였다. (하략) 9월 상순 경상(慶尙) 진안동도(晉安東道) 안찰부사 도관낭중(按察副使 都官郎中) 전광재 지음(全光宰 誌)."

당시 안찰부사 전광재가 분사대장도감의 최고 책임자로서 모든 업무를 지휘·감독하는 직임을 겸임하고 업무를 총괄했다. 지방의 행정 최고 책임자가 분사대장도감의 업무를 겸임하는 것은 『동국이상국집』 후집 권12의 간기에 있는 교감-녹사(행정실무)-진주목 부사-목사 순으로 간행조직 체계가 구축된 것에서 확인된다. 따라서 분사대장도감은 강화경이 아닌 진주 등 대읍과 경남 남해와 경북 김천 개령에도 설치·운영됐다.

대장경을 새긴 사람과 조성의 의미

대장경판에는 각수로 추정되는 인명과 법명이 새겨져 있는데, 경판에 글자를 새긴 이들의 신분과 직책뿐 아니라 출신 지역, 사회적 지위 등을 확인할 수 있다.

1236년에 판각된 『대반야바라밀다경』 권23에 허백유는 '대정허(隊正許)', '허백유(許白儒)'라 새겨 자신이 초급장교인 대정임을 밝혔다. 『대반야바라밀다경』 권

불경이 새겨진 면 외각에 새겨진 각수(刻手)의 표시

5,600만 이상의 글자를 하나하나 새긴 (좌우 반전된) 팔만대장경 목판(국보), 해인사 소장

175의 판각에 참여한 천균(天均)과 1238년(고종 25)에 판각된 『대반야바라밀다경』 권182의 판각에 참여한 영수(永壽)는 자신의 인·법명 앞에 '충주(忠州)'를 새겨 충주 출신임을 밝혔다.

1238년에 판각된 『마하반야바라밀경』 권13에 '대절도(大節刀)', '진사임대절간(進士林大節刊)'으로 새겨놓은 임대절은 자신이 과거급제한 진사임을 밝혔다. 그리고 판각된 시기를 알 수 없는 『자비도량참법』 권9에는 '호장중윤김련(戶長中尹金練)', '호장배공작(戶長裵公綽)'이라는 새김이 보이는데, 이는 지역사회의 여론 주도층인 호장이 참여했음을 보여준다. 이처럼 대장경판 판각에 주도한 각수는 다양한 계층과 여러 지역에서 참여했다.

특히 스님들도 판각에 다수 참여했다. 요원 스님은 1237년에 판각된 『방광반야바라밀경』 권7에 '요원수(了源手)', '천태산인료원수(天台山人了源手)'라 새겨 승려 각수임을 알렸다. 또 1241년에 판각된 『대방등대집경』 권3의 간기에 이어 '뇌자공덕력(賴玆功德力) 영탈윤회보(永脫輪迴報) 엄부여자당(嚴父與慈堂) 우유극락향(優遊極樂鄉) 천태산인료원수총삼십구폭(天台山人了源手摠三十九幅)'이라 새겼다. 요원 스님은 부처님의 자비로운 공덕으로 부모님이 극락으로 가시길 기원했다.

명각이라는 승려 각수는 『대방등대집경』 권17을 판각하면서 '명각수단심(明覺手段心)', '명각심작(明覺心作)', '명각수단심공(明覺手段心工)' 등을 새겨 자신이 성심(誠心)을 다해 판각했음을 드러냈다.

당시는 몽골의 침공으로 많은 백성이 살상되거나 포로로 끌려갔으며 국토는 유린당했다. 고단한 현실 속에서 고려 사람들은 절실하고 간절한 마음으로 대장경판을 새겼을 것이다.

경판을 판각한 각수는 1년만 참여하기도 했지만, 김승(金升)이라는 각수는 12년간 참여해 약 600여 장을 판각했다. 전체 추이를 보면 2~3년간 참여한 각수 비중이 높지만, 7~12년간 참여한 각수 70여 명이 판각한 수량이 상대적으로 훨씬 많다. 이를 고려하면 숙련된 각수가 주축이 되어 판각을 주도한 것으로 분석된다.

그렇다면 대장도감과 분사대장도감에서 판각한 경판은 어디에 보관하였을까. 일단 대장도감에서 판각한 경판은『고려사』기사에 언급된 대장경판당(大藏經板堂)에 보관하였을 것이다. 대장경판당은 도성 서문 밖에 있었는데, 지금의 강화군 강화읍 국화리에 있는 강화산성 서문 밖에 있었으리라 추정한다. 대장경 조성의 핵심 기구이자 시설인 대장도감과 대장경판당은 강화 도성에 있으면서 조성사업이 원만하게 마무리될 수 있도록 협력했을 것이다.

최씨 무인정권을 비롯한 지배층과 지식인, 승려, 민(民)들이 적극적으로 참여하게 된 배경은 무엇일까. 대장경 판각 주체가 임금인 고종이었기 때문이다. 이는 "황제의 명을 받들어 새겼다"라는 간기 "□□세고려국대장도감봉칙조조(□□歲高麗國大藏都監奉勅雕造)"로 확인할 수 있다. '봉칙(奉勅)'은 황제의 칙령이란 뜻이다. 당시 최씨 무인정권이 실질적인 권력을 장악하고 있었지만, 황제의 명령으로 대장경을 판각한다는 의미를 부여해 국가 사업임을 분명히 했다. 그러면서 자주적 대외관(對外觀)을 드러냈는데, 외적의 격퇴와 왕정복고에 대한 고려인들의 염원이 얼마나 컸던가를 엿볼 수 있다. ∿∿∿

글. 윤후명(시인)

염원이 빚은 예술의 공간

강화도에 들어서자 대포가 바다를 향해 우뚝 세워져 섬을 지키고 있는 것이 인상적이었다. 그러나 강화도의 모습은 아주 오래전 역사 속에서부터 우리에게 각인되어 있었다. 우선 시조 단군왕검이 하늘에 제사를 지내기 위한 제단을 쌓았다는 역사가 그러하다. 단군왕검은 전등사가 있는 정족산에 세 아들을 시켜 토성을 쌓고 삼랑성이라 이름했다. 그러므로 이 역사는 수천 년 전의 어느 한 순간부터 운명적으로 예비된 것이었는지도 모른다. 그리하여 오늘날까지 마니산의 참성단 유적을 기념하는 것이다.

반야용선에 실은 마음들

그러나 무엇보다도 깊은 인연을 맺어 온 것은 불교였다. 강화도 곳곳에는 여러 고찰과 사지가 산재해 있다. 특히 고려 때 몽골이 침입하자 고려 고종은 수도를 이곳으로 옮기고 39년 동안 대몽항쟁으로 맞섰다. 그리고 대구 부인사에 있던 대장경판이 불타게 되자 강화도에서 다시 조성하는 큰 역사를 했는데 이것이 팔만대장경이다. 대몽항쟁 때의 강화도는 불법의 힘으로 나라를 지키려는 염원이 들끓는 곳이었다. 이때 일어난 삼별초 군대는 정부의 항복을 인정하지 않고 배중손 장군을 중심으로 진도, 제주도, 일본 오키나와까지 이어진 항쟁을 벌였다. 이 사실은 오늘날 전남 진도의 연극단체가 오키나와와 연결되어 당시 항몽을 잇는 기념공연을 하는 데까지 이르러 있다.

그래서 이곳에는 개성에 있던 여러 사찰이 이전해 오기도 했고, 새로운 사찰이 창건되기도 했으며, 여러 불교 의례가 설행됐다. 그 어느 하나 허투루 지날 수 없는 우리의 발걸음이었다. 그러므로 우리 민간의 '3대 기도처' 중 하나로 꼽히는 석모도 보문사를 먼저 거론하고 넘어가며 그 산 너머 펼쳐지는 서해를 바라본다.

강화도의 바다, 서해는 우리에게 무엇이었던가. 저 멀리 떠 있는 섬 백령도로 해수관음상을 세워 옮길 때, 그 행렬에 참가한 일을 이미 마음 깊이 새겨놓지 않았던가. 우리 설화에 심청으로 아로새겨져 있는 인당수, 그 바다가 눈에 보이는

1998년 전등사 뒤편에 복원된 정족산사고는 조선시대 실록을 보관하던 곳이다.

저곳을 이끄는 반야용선이 시작하는 바로 그곳이 가까이 있었다. 그러므로 백령도 뿐만이 아니라 서해의 모든 섬이 반야용선이었다. 이로써 우리 불교에서 반야용선 사상은 중요한 요소로 등장하게 된다.

이 이야기는 경상북도 영주의 부석사와도 이어지므로 간단하게나마 말하고 넘어가기로 한다. 신라시대에 의상 대사가 중국에서 공부하고 돌아올 때의 이야기였다. 대사가 공부할 때 이웃에 선묘라는 여인이 있었는데 대사는 공부를 마치고 그냥 돌아오는 배를 타고 말았던 데서 이야기는 시작되고 있었다. 그때 선묘는 부랴부랴 용으로 몸을 바꿔 그 배를 반야용선이 되게 하고 대사를 지켰다. 대사는 우리의 영주 땅에 이르러 부석사라는 절을 이루게 된다. 여기에도 선묘의 보살핌이 널리 이르렀다. 그리하여 오늘날 무량수전을 비롯하여 여러 국보를 간직하게 됐다.

현판 '장사각(藏史閣)'이 걸린 정족산사고

비극, 예술, 희생 품은 전등사

몇 해 전에 전등사 뒷산 언덕으로 화가들 몇 명과 올라갔던 기억이 새로웠다. 오원 배, 이인 등 화가들이 그림을 그려서 전등사 옆의 정족산사고(鼎足山史庫) 건물에 보존하고 전등사 대웅전에서 전시하는 행사에 참관했다. 성족산사고는 그 건물은 있으나 비어 있는 공간이었다. 그리하여 한국 미술의 역사적 기록을 남기며 새로운 공간으로 탄생하는 것을 기념하여 서해 또한 새롭게 숨 쉬는 듯했다.

대웅전의 오원배 화가 탱화는 현대적인 프레스코 기법으로 불화의 새로운 경지를 보여주었고, 이인 화가의 〈반야심경 각화(刻畵)〉는 깊이 있는 절제를 나타내 보여주었다. 또한 김영원 조각가의 불탑 역시 높은 신심의 경지를 표현한 것이었다. 저 바다는 이 나라 역사에 얼마나 깊은 상처를 남겼던가. 이 섬은 얼마나 큰 아픔을 견디었던가. 그것이 예술과 함께 승화하고 있었다. 전등사는 본래 이름인 진종사(眞宗寺)가 말해주듯이 참된 종교를 뜻한다고 할 수 있다. 또한 오늘날 남아 있는 유적, 유물 또한 적지 않다. 본래 고구려 소수림왕 때인 381년 아도화상에 의해 창건되었다는 설화부터가 그러한 것이다. 그다음 등장하는 인물로 고려 충렬왕의 왕비인 정화궁주를 앞세우게 된다. 그러나 그 당시는 원나라가 고려에 쳐들어와서 내정까지 간섭하던 때여서, 매우 어려운 시기였다.

"이제 고려 여자는 왕비가 될 수 없다니, 서글프기 짝이 없네."

정화궁주는 시절을 한탄하며 강화도로 방문하여 옥으로 만든 등잔을 시주하기도 했다. 전등사라는 이름은 여기에 유래하고 있다. 뒷날 이를 기리며 고려시대의 목은 이색(牧隱 李穡)은 다음과 같은 시를 남기기도 했다.

나막신 고쳐 신고 산에 오르니 맑은 흥 절로 나고
전등사의 노스님 나와 함께 가시네
창틈으로 보니 먼 산 하늘에 맞닿아 있고
누 아래 부는 긴 바람에 바다 물결 출렁이네
먼 옛날 신선들의 일은 까마득한데
구름과 연기 삼랑성에 아득하네

전등사 무설전 법당 회랑을 전시공간으로 사용하는 '갤러리 서운'

무설전 법당으로 가는 길목 곳곳에 걸린 작품들

213

마음의 길

전등사 무설전 법당
본존불은 서울 광화문 광장의 세종대왕상을 만든 김영원 작가가.
후불탱은 유럽의 프레스코 기법으로 오원배 작가가 조성했다.

무설전 후불탱 천장에 있는 악기 든 비천

정화궁주의 원당 누가 다시 고쳐 세울지

벽에 쌓인 먼지는 나그네 마음을 아프게 하네

정화궁주는 왕비 자리를 원나라의 제국대장공주에게 넘기는 비극을 안고 살아야 했으나, 그 여파가 남긴 업적은 전등사에는 적지 않은 것이었다. 무엇보다도 송나라에서 펴낸 대장경을 전등사에 두도록 한 것부터가 큰 것이었다. 이에 따른 사고(史庫)를 두게 된 것도 중요한 일이었다.

하지만 조선시대에 와서 불교는 우리에게 불행한 시대였다. 우선 나라부터가 후금의 침략을 받은 정묘호란 때는 인조 임금이 강화도로 피신하여 100일 동안 머무르며 옛 고려궁터에 행궁을 짓기도 했다. 병자호란에 굴복하고 또 일본의

무설전 본존불과 후불탱

침략으로 임진왜란을 겪기도 했다. 그런 가운데 경기 서부 일대 사찰들을 관장하는 수(首)사찰의 지위를 얻고 또 영조 임금이 행차하여 편액을 써주고 간 일도 있었다. 그리고 미국 함대가 침략한 신미양요, 프랑스 함대가 침략한 병인양요, 일본이 침략하여 맺은 강화도조약 또한 잊어서는 안 될 것이다. 이러한 침략으로 꽤 많은 희생을 치를 수밖에 없었다. 그런 역사 속에서 전등사는 많은 유적, 유물과 이야기를 남겼다. 애초에 원나라의 침공부터가 큰 비극을 말하고 있다. 고려시대에는 왕조 자체가 옮겨올 지경이 아니었던가. 그래서 전각, 불상, 불화, 현판, 범종 들이 곳곳에서 그 이야기를 해주고 있다.

그런 가운데 대웅보전과 수미단은 우리의 눈길을 끈다. 대웅보전에는 병인양요 때 출전하는 병사들의 무사귀환을 비는 글이 기둥 등 법당 곳곳에 씌어 있어서

전등사 대웅보전 수미단
도깨비인 듯 용인 듯 다채로운 상들이 섬세하고 사실적으로 조각돼 있다.

귀중한 자료가 될 뿐만 아니라 당시 관군을 이끌던 양헌수 장수의 기념비도 세워져 있다.

불상을 모신 수미단에는 도깨비가 새겨져 있다고도 했는데, 최근에는 그것이 도깨비보다는 용이 아닌가 하는 쪽으로 보고 있다. 그리고 이곳의 닫집은 조각이 섬세하고 사실적이어서 감탄을 자아내게 한다. 영천 백흥암, 포항 오어사, 창녕 관룡사 등의 수미단과 어깨를 나란히 한다는 평가를 받으며 인천 유형문화재로 지정되어 있다. 그리고 대웅보전의 편액과 주련이나 후불탱, 신중탱, 약사전, 약사여래상, 명부전, 대조루 등 여러 문화재를 자랑하고 있다. 대조루 또한 이곳의 대표적인 문화재여서 이를 기리는 사람들이 많다. 조선시대의 관료인 이교익도 다음과 같은 시 구절을 남겼다.

늘그막에 대조루 올라 티끌 하나 없는 맑음을 대하노라
옛날과 지금 얼마나 많은 이들이 이곳을 찾았을까
교서관에 비장된 책들 백 세 동안 내려오고
불경의 오묘한 뜻에 전생을 깨닫네

그런데 여러 유적, 유물을 자랑하는 전등사에서 유래를 알 수 없는 하나의 형상이 종종 이야기에 오르내린다. 대웅보전의 추녀에 새겨져 있는 이 형상에는 다음과 같은 노래도 남아 있다.

강화 전등사는
거기 잘 있사옵니다
옛날 도편수께서
딴 사내와 달아난
온수리 술집 애인을 새겨

전등사 대웅보전 삼존불 위 용과 극락조
시인들이 묻힌 전등사에서 정족산을 우러르며 '가자, 더 높이 가자' 하고 기도드린다.

냅다 대웅전 추녀 끝에 새겨놓고
네 이년 세세생생
이렇게 벌 받으라고 한
그 저주가
어느덧 하이얀 사랑으로 바뀌어
흐드러진 갈대꽃 바람 가운데
까르르
까르르
서로 웃어대는 사랑으로 바뀌어
거기 잘 있사옵니다

이 추녀 끝 형상은 아랫마을 술집의 벌거벗은 주모의 모습이라고도 알려져 있는
데, 그 모습의 특이함으로 괴상 혹은 원숭이로도 불린다. 그러나 본래 대웅전 지을
때의 건축법을 따른 것이라는 견해 또한 만만치 않다. 아무튼 신성한 대웅전의 건
축에는 낯선 모습이 아닐 수 없을 것이지만, 한편 '하이얀 사랑'과 '까르르/까르르/
웃어대는 사랑'은 반야용선의 다른 용례를 말하고 있는 것 같기도 하다.

그러고 나서 대웅보전을 나와 앞 언덕 숲으로 향하다보면 뜻밖에도 한 수목
장 터에 이른다. 문득 바라보면 나무에 걸린 김영태(金榮泰)와 오규원(吳圭原) 두 시
인의 이름에 마주친다. 이들이 여기 묻혀 있다니…. 일찍이 서울 관철동에서 마주
치던 생전의 모습들이 눈에 어린다. 김영태 시인의 시 '누군가 다녀갔듯이'를 읽어
본다.

하염없이 내리는
첫눈
이어지는 이승에

누군가 다녀갔듯이
비스듬히 고개 떨군
개잡초들과 다른
선비 하나 저만치
가던 길 멈추고
자꾸자꾸 되돌아보시는가

그리고 오규원 시인의 '한 잎의 여자'라는 시의 '물푸레나무의 그 한 잎의 솜털, 그 한 잎의 맑음, 그 한 잎의 영혼, 그 한 잎의 눈'이라는 시 구절을 생각한다. '누군가 다녀'간 그가 나이며, 물푸레나무는 내 고향 강릉의 단오제에서 신목(神木)으로 들고 내려온다는 것을 기억에 올린다.

드디어 나는 이 시인들이 묻힌 정족산을 우러르며 '가자, 가자, 높이 가자, 더 높이 가자' 하고 기도드린다. ᒧᒧᒧᒧ

글. 김남수(월간 『불광』 편집주간)

강화의 마음을 빗질하는 전등사 회주 장윤 스님

전등사는 정족산성이다. 산성 안에 사찰이 있는 것이 아니라 전등사 자체가 산성이다. 여느 사찰이면 일주문을 지나 사찰로 진입하지만, 전등사는 성문이 일주문을 대신한다. 그만큼 강화도 내에 벌어진 전쟁의 역사가 기록된 곳이기도 하다.

1966년, 열댓 살 넘은 스님 두 명이 깜깜한 밤에 전등사를 방문한다. 절에 부탁해 허기진 배를 주먹밥 하나로 버텼다. 아침 공양이 시작되기 전 대웅전 앞마당을 빗자루로 쓸며, 주지 스님으로부터 용돈을 얻었다. 그 돈으로 마지막 순례지였던 보문사를 참배하고 서울로 올라갈 수 있었다.

장윤 스님의 전등사 인연은 그렇게 시작됐다. 다시 인연이 맺어진 것은 1980년 10.27 법난 직후다. 노스님이었던 서운 스님과 함께 신군부에 끌려가 조사를 받았다. 당시 동화사 재무 소임을 맡으며 노스님을 시봉할 때였다. 신군부는 동화사를 샅샅이 뒤졌으나 특별히 나올 게 없었다.

서운 스님이 먼저 나갈 때 "나는 장윤 스님 없으면 한 발자국도 못 나가요" 하여, 조사실을 벗어났다. 서운 스님은 동화사를 떠나 전등사로 향했고, 장윤 스님은 1985년 11월부터 전등사 주지 소임을 맡기 시작했다. 그 후 40년 조금 모자란 시간을 전등사와 함께했다.

"1980~1990년대만 하더라도 수학여행에, 소풍하러 오는 학생들 뒤치다꺼리하는 게 일이었어요. 화장실 청소하고, 먹고 남은 도시락 치우는 게 일이었죠. 당시는 상수도가 개설되지 않았을 때죠. 도저히 안 되겠다 싶어 성문을 닫아 버렸더니 한바탕 난리가 났어요. 강화군수가 배수구로 들어와 싹싹 빌면서 상하수도가 해결됐습니다."

그런 시절이었다. 한창일 때는 연인원 100만 명이 전등사를 찾았다. 요즘 강화도는 가볍게 오갈 수 있는 곳이 됐고 볼거리도 많지만, 그 시절 강화도를 찾는 사람은 무조건 전등사를 방문했다.

핫한 템플스테이와 현대미술

전등사는 템플스테이로 핫(hot)한 곳이 됐다. 가장 인기 있는 곳은 공양간이다. 바다가 보이는 벽면을 유리로 마감해, 저녁이면 떨어지는 석양을 보면서 공양할 수 있는 사찰 공양간의 '성지'가 됐다.

"전등사 템플스테이에서는 한 끼 발우공양과 아침에 대웅전 앞마당을 빗자루로 청소하는 프로그램을 꼭 진행합니다. 준비해야 할 것이 많죠. 이분들이 앞으로 얼마나 자주 사찰을 방문할지 모르겠지만, 이런 경험은 평생 추억으로 남을 거예요."

스님이 자랑하는 곳이 따로 있다. 바로 '전등각'과 '무설전'. 전등각(傳燈閣)은 한옥 다섯 채를 조성해, 조금은 여유로운 템플스테이와 사찰음식 체험을 할 수 있는 곳이다. 각각 별채로 구성됐고, 진입로도 조그만 오솔길로 각각이다. 건물 평수도 제법 된다. 건물에 정성이 많이 들어갔다는 것이 눈에 띈다.

"요즈음은 가족 단위로, 혹은 개인 단위로 많이 여행하죠? 인천을 통해 한국에 들어오는 외국인이나 가족 여행객들이 많이 찾아옵니다. 정족산성 동문 중턱에 자리해서, 강화 앞바다는 물론이고 날 좋으면 북한산도 보여요."

무설전(無說殿)은 불교미술의 현재를 보여주는 공간이다. 법당이라는 '오마주'는 있지만, 모든 것이 새롭다. 흰빛의 불상은 화려하지 않지만, 후불탱화와 더불어 또 다른 '아우라'를 낸다. 후불탱화는 전통적인 탱화 양식을 벗어나 프레스코(Fresco) 기법으로 조성했다. 프레스코 기법은 마르지 않은 회벽에 물감으로 그림을 그린다. 실크로드에 산재한 석굴사원, 다빈치의 〈최후의 만찬〉, 미켈란젤로의 〈천지창조〉 등이 이 기법으로 조성돼 현대까지 남아 있다. 무설전 조성에는 이름난 작가와 장인들이 참여했다. 무설전에는 현대미술품을 전시하는 갤러리가 있다. 명칭은 노스님의 법명을 가져온 '서운갤러리'. 매년 신인 청년 작가 2명을 발굴해 전시하고, 현대미술전을 통해 우리 시대 작가들의 작품을 전시한다. 전등사가 작품을 구매하는데, 지금까지 200점이 넘는다. 스님의 표현 그대로 전하면 "웬만한

전통 한옥으로 조성된 전등각에서 사찰음식 체험을 할 수 있다. 다섯 채의 한옥에 각각 진입로를 뒀다.

"강화도는 근대 문물이 들어오는 입구였지만,
전등사는 강화도의 뿌리입니다."

국공립 미술관보다 많을걸요?"란다.

전등사 앞마당을 열심히 빗질한 인연인지, 주지로 부임해 전등사를 가꾸었다. 어린 시절 내웅전 앞마당을 쓸던 스님도 함께 왔다. 요사채가 두 개밖에 없어 손님이라도 오면 공양할 공간도 없던 시절이다. 산 중턱에 있고, 성곽으로 둘러싸여 비만 오면 난리가 났다. 제일 시급했던 것이 배수로 설치. 대웅전, 대조루, 약사전, 명부전 빼고는 모든 것이 변했다.

현재는 전등사 주지 소임을 놓고, 한 발자국 뒤로 물러서 있다. 그래도 "미술전시관 하나는 있어야지?"라고 의중을 넌지시 보인다.

강화의 뿌리, 전등사

매년 봄이 되면 강화도 어르신들은 바빠진다. 1,000여 명이 넘는 사람들이 강화도 공설운동장에 모여 '게이트볼대회'를 진행한다. 강화군의 각 읍면과 동네별로 나뉜 120개 팀이 강화 게이트볼의 진정한 승자를 가린다.

"장관이죠. 어르신들이 아침부터 약주를 드시며 하루 내내 들썩들썩합니다. 지금은 다리로 연결된 교동 어르신들이 강화 게이트볼의 강자입니다. 강화 전체가 섬이지만, 교동은 또 다른 섬이죠. 옛적에는 도박이 심한 동네였다고 해요. 게이트볼장이 생기면서 문화가 바뀌었다고 하죠?"

전등사가 식사나 교통편 등 모든 비용을 제공하면서 진행하는 행사가 '게이트볼대회'와 '이주민 축제'다. 이주문 축제는 강화뿐 아니라 경기도, 충청권 이주민까지 함께한다.

매년 10월 초에는 2주에 걸쳐 '삼랑성 역사문화축제'도 개최한다. 각종 전시, 어린이·청소년들을 위한 글짓기·그림대회, 호국영령 추모 영산대재 등을 개최하지만, 압권은 전등사 대웅전 마당에서 펼쳐지는 '음악회'다. 코로나19 이전에는 8,000여 명이 참여할 정도로 호응이 뜨겁다.

"근대 강화도는 기독교가 들어온 입구입니다. 교회 관련 유적도 남아 있죠.

아무래도 성공회, 감리교 등 기독교 세가 강해요. 하지만 전등사는 강화도의 뿌리에 해당하죠. 영농법인을 조성하고 지역 주민들과 함께하는 전등사가 되기 위해 노력하죠. 게이트볼대회나 음악회를 할 때면 강화 전체가 들썩들썩합니다."

스님은 조계종단에서의 역할이 컸다. 마지막으로 요즘은 어떤지 근황을 물었다.

"젊은 나이부터 중앙에서 활동했는데, 이제는 근방에 가지도 않습니다. 허허. 강화는 호박고구마가 이름났죠? 또 해풍에 견디는 채소, 강화도 쌀이 유명하죠. 강화도 쌀로 만든 떡국 먹어보지 않았죠? 한 번 드시고 가세요."

스님의 마음속은 온통 강화다. 강화의 뿌리가 왜 전등사인지 짐작하고도 남는다. ⁖⁖⁖

'강화 나들길' 3박 4일 걷기

"진정으로 가치가 있는 것은 때때로 효율이
나쁜 행위를 통해서만이 획득할 수 있다.
비록 공허한 행위가 있었다고 해도,
그것은 결코 어리석은 행위는 아닐 것이다.
나는 그렇게 생각한다. 실감으로써,
그리고 경험칙으로써."

_ 무라카미 하루키 『달리기를 말할 때 내가 하고 싶은 이야기』 중에서

'강화나들길'은 강화도 대표 도보여행길로 총 20개의 코스가 있다. 길을 걸으면서 자연과 유적지를 함께 둘러보는 코스들로, 한길보다는 한적한 마을길이나 산길로 이어져 있다.

중부지방에 기록적인 폭우가 쏟아지던 날, 강화나들길 4개의 코스를 하루씩 걷는 3박 4일 여정을 시작했다. 첫째 날과 둘째 날, 프린트해 간 강화나들길 지도 한 장과 우산을 들고, 이정표를 따라 하염없이 걸었다. 큰비로 토사가 산길로 흘러내린 탓에 바지 밑단은 엉망이 됐고, 지도는 비에 젖어 너덜너덜해졌다. 또 흠뻑 젖은 등산화를 신고 5~6시간을 걸은 탓에 숙소로 돌아오면 퉁퉁 불은 발가락에 물집이 잡혔다. 다행히 셋째 날부터는 언제 그랬냐는 듯이 날씨

가 맑아졌다. 하지만 코로나19로 강화나들길 단체관광이 끊긴 탓에 산길마다 거미줄을 헤쳐 나가야 했고, 길을 가릴 만큼 자란 수풀에서는 혹시 뱀이라도 밟을까 조심하며 걸어야 했다.

곧고 넓은 아스팔트의 직선 길과 신속한 이동 수단에 익숙한 도시인들에게 강화나들길은 비효율적이다. 하지만 진정으로 가치 있는 일은 때론 비효율적인 행위를 통해서만이 획득할 수 있는 것인지 모른다. 비행기보다는 배, 배보다는 차, 차보다는 걷는 행위를 통해서 여정에서 더 많은 것을 경험할 수 있다. 이를테면 강화나들길을 걸으면서 내가 감응한 것들이 그렇다.

넓게 펼쳐진 파릇하게 자란 논밭, 농로에서 마주친 강화도의 새들, 화문석 발을 내건 작은 집 정원의 꽃들, 고인돌 아래에 자리를 깔고 앉아 오수에 빠진 마을 아주머니, 퍼석한 나뭇가지를 밟을 때 나는 경쾌한 소리와 두 다리가 풀에 스칠 때 전해오는 감촉, 돈대에서 바라본 낙조에 물든 양떼구름, 그리고 마지막 코스를 끝낸 뒤 버스정류장에서 잠깐 대화를 나눈 90세 할머니의 강화도 사투리가 섞인 "잘 들어가시겨"라는 다정한 말. 모두 그 비효율적인 걷기를 통해서 "실감으로써, 그리고 경험칙으로써" 얻은 것들이었다.

나흘간 총 걸은 거리 70여km. 이 글을 쓰는 지금도 강화나들길의 그 장소, 그 날씨, 그때의 분위기와 감정이 생생하게 떠오른다.

걸어서 강화도 속으로, 강화나들길을 걷는 4가지 코스를 소개한다. 당신에게도 분명 "진정으로 가치 있는" 여행이 될 것이다.

강화 나들길 7코스
분오리돈대에서 바라본 갯벌 해안

고려궁지 뒤로 이어지는 숲길

1코스
심도역사 문화길

- 총 거리 약 18km
- 도보 시간 약 6시간
- 난이도 ★★★☆☆

- 코스
  강화버스터미널-(1.5km)→
  ❶ 강화산성동문-(0.7km)→
  ❷ 성공회강화성당-(0.05km)→
  용흥궁-(0.3km)→
  ❸ 고려궁지-(0.5km)→
  북관제묘-(0.6km)→
  강화향교-(0.2km)→
  은수물-(1.2km)→
  북문-(0.8km)→북장대-(0.6km)→
  오읍약수-(5.1km)→
  ❹ 연미정(월곶돈대)-(0.8km)→
  옥계방죽-(5.35km)→
  갑곶성지-(0.3km)→
  ❺ 갑곶돈대(강화전쟁박물관)
  ❻ 밴댕이 가득한 집
  ❼ 강화풍물시장
  ❽ 강화명과 금방
  ❾ 소창체험관

과거부터 현재까지 천년을 넘나들며
강화의 숨결을 느낄 수 있는 시간여행
코스다. 가장 오래된 한옥 성당인
강화성당, 조선 후기 철종 임금이
왕위에 오르기 전까지 살았던 용흥궁,
강화 8경인 연미정과 갑곶돈대와 요즘
뜨는 카페와 공방까지 모두 둘러볼 수
있다. 연미정을 지나 염하(강화해협) 옆
도로를 따라 걸을 때 민통선 초소의
높다란 철망이 바다를 가로막지만 이내
갑곶돈대에서 탁 트인 바다 풍경을
감상할 수 있다.

❶ 강화산성(동문)

📍 인천 강화군 강화읍 관청리 46-3

강화산성은 고려가 몽골 침입에 대항하기 위해
처음 쌓은 것으로 조선 전기에 개축했는데,
1637년 병자호란 때 청군에 의해 파괴됐다. 숙종 때
전면적으로 성을 보수하면서 남산까지 포함해 크게
확대했다. 원래 내·중·외성으로 쌓았으나 현재는
돌로 쌓은 내성만 남았다. 내성은 동·서·남·북으로
난 대문 4개, 암문 4개, 수문 2개와 남산과 북산에
관측소이자 지휘소인 남장대와 북장대 터가 있다.

❷ 성공회 강화성당

📍 인천 강화군 강화읍 관청길 27번길 10
📱 032)934-6171
🕐 10:00~18:00(매주 월요일 휴관)

1900년 대한성공회의 초대 주교인 고요한이
건립했으며 현존하는 한옥교회 건물로는 가장
오래됐다. 내부는 서유럽의 바실리카 양식으로
외부는 동양의 불교사찰 양식으로 조화롭게
지었다. 전체적인 건물 배치는 배(船)의 모양을 본떠
노아의 방주를 연상케 한다. 뱃머리에 해당하는
서쪽에는 외·내삼문과 성당종, 중앙에는 성당,
후미에는 사제관을 배치했다.

❸ 고려궁지

📍 인천 강화군 강화읍 북문길 42

📱 032)930-7078

🕐 09:00~18:00

고려가 몽골군의 침략에 대항하기 위해 도읍을
개경에서 강화로 옮긴 1232년(고종 19)부터 다시
환도한 1270년(원종 11)까지 38년간 사용되던 고려
궁궐터. 당시의 궁궐은 1270년 송도로 환도할
때 몽골과 화친을 맺어 모두 허물었다. 현재는
조선시대에 지어진 행궁, 유수부 동헌, 2003년
복원된 외규장각이 있다.

❹ 연미정(월곶돈대)

📍 인천 강화군 강화읍 월곶리 242

연미정이 있는 월곶은 임진강과 한강이 만나는
지점으로 서해와 인천으로 흐르는 물길 모양이
제비 꼬리와 비슷해 '연미(燕尾)'정이라 불렸다.
한강 하구에서 가장 뛰어난 경치를 자랑하는
곳으로 탁 트인 풍경을 감상할 수 있다.

❺ 갑곶돈대(강화전쟁박물관)

📍 인천 강화군 강화읍 해안동로 1366번길 18

📱 갑곶돈대 매표소 032)930-7076

　강화전쟁박물관 032)934-4296

🕐 9:00~18:00

강화대교를 건너자마자 가장 먼저 만나게 되는
갑곶돈대는 1866년 병인양요 때 프랑스군 600명과
격렬한 전투를 벌였던 곳이다. 갑곶돈대 안에는
강화에서 일어난 전쟁 유물을 전시한 전쟁박물관,
선조들의 업적을 기린 비석군, 천연기념물로
지정된 수령이 400년 된 갑곶리 탱자나무가 있다.

❻ 밴댕이 가득한 집

📍 인천 강화군 강화읍 중앙로 17-9 강화풍물시장 2층

📞 032)932-6836

🕐 10:00~20:00 (매달 2, 4번째 월요일 휴무)

🅦 밴댕이 덮밥 13,000원 / 밴댕이 모둠(회, 무침, 구이, 식사) 2인 35,000원, 3인 50,000원

강화도 특산물인 밴댕이는 칼슘과 철분 성분이 들어 있어 골다공증 예방과 피부 미용에 좋다. 풍물시장 내 밴댕이 맛집 중 하나인 이곳은 모든 음식을 놋그릇에 내놓는 것으로도 유명하다. 모둠을 시키면 밴댕이 회와 무침, 구이를 함께 맛볼 수 있다.

❼ 강화풍물시장

📍 인천 강화군 강화읍 중앙로 17-9

📞 032)930-7043

🕐 8:00~19:00 (매장별로 상이)

강화풍물시장 1층에는 농수산물과 회를 팔고, 2층에는 식당들이 모여 있다. 매월 2일과 7일에는 5일장이 열린다. 시장 바로 옆에 있는 강화인삼센터에서는 강화도 특산품인 인삼을 수삼, 건삼, 홍삼 및 각종 가공 제품 형태로 판매한다.

❽ 강화명과 금방

📍 인천 강화군 강화읍 고비고개로 8
📱 032)934-2022
🕐 11:00~19:00 (매주 수요일 휴무)
₩ 사자발 약쑥 수제 전병, 강화 인삼 수제 전병, 강화 새우 수제 전병 등 각 4,500원/ 강화명과 수제 전병 선물세트(소) 13,500원

강화명과 금방은 강화도에서 수확한 인삼, 사자발 약쑥, 새우로 만든 우리밀 수제 전병 과자점이다. 질 좋은 강화 제철 특산물을 전통 방식으로 '금방' 구워 판매한다. 모든 전병에는 보존제와 합성 감미료를 첨가하지 않아 맛이 깔끔하고 담백하다. 가게 한쪽에서는 굿즈도 판매한다.

© 강화명과 금방

❾ 소창체험관

📍 인천 강화군 강화읍 남문안길 20번길 8
📱 032)934-2500
🕐 10:00~17:00 (매주 월요일 휴관)

소창체험관은 1938년에 건축된 한옥과 옛 평화직물의 염색 공장을 매입해 리모델링한 문화체험공간이다. 소창기념품 전시실, 고려 의상 체험장, 방직공장 전시 사진과 영상들로 1960~1970년대 우리나라의 직물 산업을 이끌던 강화군 직물 산업의 역사를 한눈에 볼 수 있다.

이규보 묘소 앞 소나무

3코스
고려왕릉 가는 길

● 총 거리 약 17.2km
● 도보 시간 약 5시간 30분
● 난이도 ★★☆☆☆

● 코스
❶ 전등사동문-(1.2km)→
❷ 온수리성공회성당-
　(2.4km)→길정저수지-(2.9km)→
❸ 이규보묘-(0.3km)→
❹ 연등국제선원-(5.4km)→
❺ 석릉-(5km)→
❻ 가릉
❼ 전등사 남문식당
❽ 온수리조
❾ 금풍양조장

전등사에서 출발해 가릉까지 걷는
코스로 고즈넉한 마을길과 아름다운
숲길을 지난다. 고려 최고의 문장가
이규보 묘와 연등국제선원, 온수리
성당 그리고 지금은 사유지라 갈 수
없는 곤릉을 제외한 석릉, 가릉 2기의
고려왕릉을 진강산 기슭에서 만날 수
있다. 버스는 코스가 시작되는 지점의
온수리 정류장, 끝나는 지점의 탑재
정류장에서 탈 수 있다.

❶ 전등사

📍 인천 강화군 길상면 전등사로 37-41

📞 032)937-0125

🕐 하절기: 8:00~18:30 동절기: 8:30~18:00

Ⓦ 성인 4,000원, 청소년 3,000원, 어린이 1,500원

고구려 소수림왕 때 지어진 우리나라에서 가장
오래된 사찰이다. 단군왕검의 세 아들이 쌓았다는
전설을 간직한 삼랑성 내에 아늑히 자리 잡고
있으며 템플스테이가 유명해 내외국인들이 많이
찾는다. 대웅보전, 약사전, 목조석가여래삼불좌상
등 많은 문화유산을 둘러볼 수 있다.

❷ 온수리 성공회 성당

📍 인천 강화군 길상면 온수길 38번길 14

📞 032)937-9082

© 강화군청

영국인 주교 조마가가 지은 우리나라 초기
서양 기독교 교회양식의 건물이다. 동서 절충식
강당형의 목조건물로 강화성당에 이어 1906년
건립됐다. 정면 3칸, 측면 9칸의 팔작집으로 용마루
양 끝에 연꽃 모양으로 곡선미를 살린 돌십자가를
장식했다.

❸ 이규보 묘

📍 인천 강화군 길상면 까치골길 72-17

고려의 문신이자 문장가인 이규보(1168~1241)의
묘소다. 무덤으로 올라가는 왼쪽에는 초상화를
봉안한 유영각이 있고 오른쪽에는 제사를 준비하는
사가재가 있다. 묘역에는 상석과 장명등이 있으며,
좌우에는 문인석·무인석·망주석이 한 쌍씩
세워져 있다.

❹ 연등국제선원

📍 인천 강화군 길상면 강화동로 349-60
📞 032)937-7033

연등국제선원은 1997년 성철 스님의 제자인
원명 스님이 한국불교를 세계에 알리겠다는
발원으로 창건한 선(禪) 수행 도량이다.
전통사찰과는 다른 이국적인 건물 모습으로
내국인과 세계 여러 나라에서 온 외국인에게
템플스테이 및 다양한 정진 프로그램을 제공한다.

❺ 석릉

📍 인천 강화군 양도면 길정리 산 182번지

고려 21대 희종의 능으로 진강산 동남쪽 능선에
있다. 희종은 신종의 첫째 아들로 1204년 왕위에
올랐고, 최충헌을 제거하려다 실패해 희종
7년(1211)에 왕위에서 쫓겨나 강화 교동으로
유배 갔다. 고종 24년(1237) 57세의 나이로 죽자
진강산 남쪽에 장례를 지내고 석릉이라 했다.

© 강화군청

❻ 가릉

📍 인천 강화군 양도면 강화남로 633번길 16

고려 24대 원종의 비인 순경태후의 무덤이다.
순경태후는 원종이 태자가 되자 태자비인
경목현비가 됐고, 다음 해 충렬왕을 낳고 얼마
뒤 세상을 떠났다. 그 후 정순왕후로 추대되고
충렬왕이 즉위(1274)해 순경태후로 추존됐다.
가릉은 강화의 다른 고려왕릉에 비해 비교적
완만한 경사지에 있어 접근이 수월하다.

© 강화군청

❼ 전등사 남문식당

📍 인천 강화군 길상면 전등사로 37-11
📞 032)937-1199
🕐 9:30~20:00
Ⓦ 젓국갈비 전골 2인 35,000원/ 산·들채
비빔밥(2인 이상) 11,000원

강화도 대표 향토음식인 젓국갈비는 몽골 항쟁
때 피난 온 왕에게 대접하기 위해 만든 음식으로
전해온다. 돼지갈비에 배추, 두부, 호박 등을 넣고
새우젓으로만 간을 해 국이 맑고 깔끔하면서도
깊은 감칠맛을 느낄 수 있다.

나를 채우는 섬 인문학 강화도

❽ 온수리조

📍 인천 강화군 길상면 삼랑성길 46

☎ 070-4142-4242

🕐 금·토·월 12:00~19:00 일 14:00~20:00

Ⓦ 섬 쌀 리조 젤라또 4,600원 / 속노랑 고구마
젤라또 5,600원 / 강화 순무 젤라또 5,600원 /
강화 인삼 젤라또 5,800원 / 사자발 약쑥
젤라또 6,800원

강화도 토박이인 청년 대표가 사자발 약쑥, 인삼,
순무, 속노랑 고구마 등 강화도 대표 특산물 본연의
향을 살려 젤라또로 만들었다. 대표의 부모님이
강화 불음도에서 농사지은 강화섬쌀이 고소한
우유 아이스크림 안에서 쫀득하게 씹힌다.
함께 얹어주는 뻥튀기의 바삭한 식감도 젤라또와
잘 어우러진다.

❾ 금풍양조장

📍 인천 강화군 길상면 삼랑성길 8

☎ 070-4400-1931

🕐 평일 12:00~18:00 주말 11:00~18:00

Ⓦ 금풍양조막걸리 7,500원 / 양조장 투어
20,000원 / 마커스 체험 프로그램 50,000원

© 금풍양조장

3대째 가업을 이어받아 운영하는 양조장으로
1931년 일제강점기에 지어진 옛 목조건물이
그대로 보존돼 있다. 양조장에서 만드는 막걸리를
시음하고 직접 만들어 보는 체험 코스도
운영 중이다.

낙조로 붉게 물든 장화리 일몰조망지의 갯벌 해안

7코스
낙조 보러 가는 길

- 총 거리 약 21.8km
- 도보 시간 약 6시간 50분
- 난이도 ★★★☆☆

- 코스
화도공영주차장-
(1.6km)→성공회내리성당-
(2.3km)→일만보길입구-(3km)→
1 장화리 일몰조망지-(4.7km)→
2 북일곶돈대-(1.5km)→
3 강화갯벌센터-(4km)→미루지항-
(4.3km)→
4 동막해수욕장-(0.4km)→
5 분오리돈대
6 마니산산채
7 정수사

화도터미널에서 출발해 120년 된
내리성당을 지나고 마을을 돌아, 상봉산
일만보 산책길과 낙조마을 갯벌 해변을
걷는 코스다. 썰물 때는 갯벌이, 밀물
때는 바다가 파노라마처럼 펼쳐진다.
돈대로 가는 제법 긴 제방길을
지나면 마지막 코스인 동막해변과
분오리돈대에서 석양빛에 물든
아름다운 바다를 감상할 수 있다.

❶ 장화리 일몰조망지

📍 인천 강화군 화도면 장화리 1408

아기자기한 섬들과 저무는 태양이 절묘하게
어우러지며 장관을 연출하는 낙조 명소다. 해안선을
따라 길게 이어진 산책로와 데크로 만들어진
노을터에서 낙조와 함께 시원하게 펼쳐진 갯벌
해안을 볼 수 있다. 강화에서 장화리 외 낙조
조망지로 유명한 곳은 적석사 낙조대, 분오리돈대,
석모도 보문사 눈썹바위, 석모도 민머루 해수욕장
등이 있다.

❷ 북일곶돈대

📍 인천 강화군 화도면 장화리 산358-1

일몰조망지가 끝나는 지점에서 야트막한 산길을
걷다 보면 북일곶돈대가 나온다. 높이 2.5m, 둘레
122m 규모의 직사각형 돈대로 포좌(대포를 쏠 수 있게
뚫려 있는 구멍) 4곳이 있다. 포좌로 내다보면 저 멀리
장봉도와 동만도, 서만도가 보인다.

❸ 강화갯벌센터

📍 인천 강화군 화도면 해안남로 2293-37
📱 032)930-7064
🕘 9:00~18:00(매주 월요일 휴관)
🆆 어른 1,500원 / 청소년 및 군인 1,000원 /
어린이 800원

북일곶돈대에서 1.4km 정도 제방길과 산길을 걷다
보면 나오는 이정표에서 위로 50m쯤 올라가면
강화갯벌센터가 나온다. 건물 바로 앞에 전시된
대형 저어새 모형이 인상적인 이곳은 강화갯벌의
자연생태를 오감으로 느낄 수 있는 체험형
교육공간이자 전시 공간이다. 야외에 설치된
탐조대에서는 망원경으로 강화갯벌에 서식하는
야생 조류를 관찰할 수 있다.

❹ 동막해수욕장

📍 인천 강화군 화도면 해안남로 1481

📞 032)937-4445 (관리사무소)

강화도 대표 해변으로 폭 10m, 길이 200m의 해변이
펼쳐져 있다. 밀물에는 해수욕을, 썰물에는 갯벌에
사는 여러 가지 생물들을 관찰할 수 있어 가족
단위의 여름 휴양지로 유명하다. 백사장 뒤로 노송
군락지가 있어 캠핑하며 휴식하기 좋다.

❺ 분오리돈대

📍 인천 강화군 화도면 동막리 1

동막해변 바로 옆 나지막한 언덕에 자리 잡은
분오리돈대는 자연 지형을 그대로 이용해 축조한
초승달 모양의 돈대다. 돈대 석벽에 올라서면
동막해변이 한눈에 내려다보이며, 일몰 시간에는
황금빛으로 물드는 낙조를 만끽할 수 있다.

❻ 마니산산채

📍 인천 강화군 화도면 해안남로 1182

📞 032)937-4293

🕐 평일 9:00~20:00 주말 8:30~20:00
(브레이크타임 14:50~15:30)

ⓦ 산채비빔밥 12,000원 (2인 이상)/
도토리묵 소 4,000원 대 11,000원/
산채전 11,000원/ 감자전 10,000원

고종 16년(1879)에 지어진 고옥에 자리 잡은
마니산산채는 분오리돈대에서 약 2.7km 떨어져
있다. 직접 말린 쑥을 가루 내 지은 밥과 기름에 볶지
않고 쪄낸 다래순, 취나물, 무나물 3가지가 들어간
산채비빔밥(솥밥)이 대표 메뉴다. 풍성한 고명을 올려
통으로 나오는 도토리묵에 고소한 참기름이 더해져
풍미를 더한다.

부근리 지속묘(고인돌)

17코스
고인돌 탐방길

- 총 거리 약 12km
- 도보 시간 약 4시간 20분
- 난이도 ★★★★☆

- 코스
❶ 부근리지석묘-(5.2km)→
❷ 삼거리고인돌군-(3.1km)→
  고천리고인돌군→
❸ 적석사낙조대-(3.7km)→
❹ 오상리고인돌군
❺ 강화역사박물관
❻ 강화도령 화문석체험장
❼ 고려산 진달래축제
❽ 그곳 가(家)

고인돌 탐방길은 2000년
12월 세계문화유산으로 등재된 부근리
지석묘, 점골, 삼거리, 고천리, 오상리
등 고인돌을 탐방하는 코스로 해넘이
절경인 낙조대를 거쳐 적석사에서
마무리된다. 산길이 길고 험해 난이도가
높다. 코로나19로 단체 관광객이
많이 줄어 등산길 도중 수풀이 우거져
길을 찾기 힘든 곳이 있으니 이정표를
잘 보고 걷자. 오상리 고인돌군에서
고려저수지(내가저수지) 쪽으로 나오면
버스정류장이 있다.

부록 걸어서 강화도 속으로

❶ 부근리 지석묘

📍 인천 강화군 하점면 강화대로 994-12

고인돌은 청동기시대의 대표적인 무덤으로
지석묘라고도 부르며, 주로 경제력이 있거나
정치권력을 가진 지배층의 무덤으로 알려져 있다.
평탄한 언덕 위 자리한 부근리 지석묘는 고려산
기슭 따라 분포된 수많은 고인돌 중에 가장 규모가
크다. 거대한 거석이 두 개의 굄돌 위에 얹어져 있는
탁자식 고인돌로 길이 6.5m, 너비 5.2m에 달한다.

❷ 삼거리 고인돌군

📍 인천 강화군 하점면 삼거리 산 120 일원

삼거리 고인돌군은 고려산 북쪽 능선에 위치하며,
모두 9기의 탁자식 고인돌이 있다. 삼거리 고인돌
중에는 덮개돌에 성혈이라고 하는 작은 바위 구멍이
파여 있기도 한데, 이를 별자리와 연관 짓기도 한다.
고인돌 무덤 가까이에는 돌을 떼어 낸 흔적이 남아
있는 채석장이 있다.

❸ 적석사 낙조대

📍 인천 강화군 내가면 고천리 210-3
📱 032)932-6191

적석사 낙조대는 강화도 8경 중 하나이자 우리나라
3대 낙조 명소로 꼽힌다. 관음상이 있는 낙조대
앞마당에서는 고려저수지(내가저수지)와 바다가
한눈에 내려다보이고 저 멀리 석모도까지 조망할
수 있다. 낙조대 바로 아래에 적석사가 있는데,
「전등사본말사지」 기록에 따르면 고구려 장수왕
4년(416)에 인도에서 온 스님이 고려산에서 오색
연꽃을 날려 그중 붉은 연꽃이 떨어진 곳에 적련사를
세웠다고 한다. 그곳이 적석사의 전신으로 전한다.

나를 채우는 섬 인문학 강화도

❹ 오상리 고인돌군

📍 인천 강화군 내가면 오상리 산 125-1

내가면 오상리에 위치한 오상리 고인돌은 2000년에 선문대 고고연구소에서 조사해 11기의 탁자식 고인돌을 발굴했다. 덮개돌은 부분적으로 손질한 흔적이 있고, 평면 형태는 모두 판돌형이다. 덮개돌의 크기는 기념물로 지정된 내가고인돌이 길이 335cm로 가장 크고 나머지는 길이가 130~260cm로 다양한 편이다.

❺ 강화역사박물관

📍 인천 강화군 하점면 강화대로 994-19

📞 032)934-7887

🕐 9:00~18:00 (매주 월요일 휴관)

Ⓦ 어른 3,000원 / 어린이 2,000원

강화지석묘 근처에 있는 박물관으로 선사시대부터 근현대사까지 강화도의 역사와 문화를 조형물과 미니어처로 실감 나게 만들어 놓았다. 홍이포와 소포 등 외세침략에 맞섰던 대포뿐만 아니라 고려시대 청자, 조선시대 백자, 근현대의 목가구 등 수백 점의 유물이 전시돼 있다.

❻ 강화도령 화문석체험장

📍 인천 강화군 송해면 강화대로 89

📞 032)934-6858

🕐 10:00~18:00(매주 수요일 휴관)

ⓦ 등메 화문석 컵받침 만들기 10,000원/ 화문석
소원발 만들기 12,000원/ 화문석 방석 만들기 40,000원

강화 화문석은 재료가 되는 왕골의 수확에서부터 세척,
건조, 염색, 엮기 등 제작과정에 많은 정성이 들어가는
수공예품이다. 이곳은 왕골재배부터 화문석 제작 및
판매, 체험교육을 진행하는 공방으로 방문자들은 농장
견학과 각종 화문석 소품을 만드는 체험을 즐길 수 있다.

© 강화도령 화문석체험장

나를 채우는 섬 인문학 강화도

❼ 고려산 진달래축제

📍 강화군 고인돌광장 및 고려산 일원

매년 4월이면 고려산을 중심으로 강화 대표축제인
고려산 진달래축제가 개최된다. 전국에서 10만 명
넘게 방문하는 대표적인 봄꽃 축제다. 축제 기간에는
고인돌광장에서 진달래 체험전, 사진전, 엽서전 등
다양한 체험행사와 먹거리 장터와 농·특산물
판매가 이뤄진다.

© 강화군청

❽ 그곳 가(家)

📍 인천 강화군 내가면 고비고개로 906

📞 032)934-8887

🕐 11:00~15:00(매주 화요일 휴무)

ⓦ 콩비지 10,000원/ 콩국수 10,000원/ 한우 인삼 곰탕
15,000원/녹두전 15,000원

강화에서 재배한 생콩을 직접 갈아 국내산 돼지등뼈
육수로 끓인 콩비지 전문점이다. 가족이 함께 운영하는,
지역민이 많이 찾는 맛집으로 '제8회 강화 최고의 맛
미식대전'에서 대상을 받았다. 식당에 난 큰 창으로 바로
앞 고려저수지 풍경을 바라보며 식사하기 좋다.

강화나들길 Tip

- 말뚝 모양의 이정표와 나뭇가지나 담장에 매달린 리본을 잘 확인하며 가야 한다.
  만약 한참 가도 나들길 이정표가 나오지 않으면, 마지막으로 봤던 이정표까지 왔던 길을
  되돌아가서 다시 시작하는 게 좋다.
- 나들길 대부분이 농로나, 한적한 숲길이기에 도중에 편의점 같은 시설을 찾기 힘들다.
  물이나 간식을 여유 있게 챙겨 가자.
- 버스 배차간격이 길어 강화군청 홈페이지나 강화나들길 카페(cafe.daum.net/vita-walk)에서
  버스 시간을 미리 확인해 놓는 게 좋다.

도보여행 시 유의사항

- 사전에 코스를 숙지 후, 시간과 거리를 감안해 자신의 체력에 맞는 여행을 해야 한다.
- 해안 제방길에서 밀물과 썰물 및 군사보호지역 통행시간을 고려해서 여행해야 한다.
- 강화나들길 여행시간은 하절기 9:00~18:00, 동절기 9:00~17:00를 권장한다.
- 코스 중에는 역사·문화 유적지가 많으니 훼손하지 않도록 유의해야 한다.

성곽 따라 걸으며 성 바깥 강화도와 성안의 전등사를 조망하는 삼랑성 성곽 둘레길 ©전등사

전등사 삼랑성 성곽 둘레길

- 총 거리 약 3km
- 도보 시간 약 2시간
- 난이도 ★★☆☆☆

- 코스
❶ 남문(종해루)→
❷ 동문-(200m)→달맞이고개-
(500m)→
❸ 북문→정족산사고-(150m)→
정족산 정상(220m)→
❹ 서문-(650m)→조망명소→남문→
❺ 전등사(설법전·종각·대웅전·
고려궁궐터·약사전)

전등사 삼랑성 성곽 둘레길은 삼랑성
성곽 둘레길을 따라 트레킹하면서
전등사를 참배하는 코스다. 단군의
세 아들 부여와 부우 그리고 부소가
쌓은 성이 삼랑성(三郎城)이다. 멀리서
보면 솟아 있는 세 개의 봉우리가
다리 셋 달린 솥과 같다고 해서
정족산(鼎足山)이라 부르는데,
삼랑성과 정족산성은 같은 성을 말한다.
남문 성곽을 따라 적당한 오르막과
내리막을 반복하면서 강화도와 전등사,
멀리 서해와 마니산을 조망할 수 있는
코스다. 맛있는 것은 마지막에 먹는 법!
숨을 고른 뒤 전등사를 참배하길
추천한다.

부록 걸어서 강화도 속으로

❶ 남문(종해루)

'종해루(宗海樓)'라는 문루를 얹은 사실상 삼랑성의
정문이다. 동서남북 4개의 문 가운데 유일하게
문루가 있다. 1739년(영조 15년)에 유수 권교가
수축하고 종해루라는 현판을 걸었다. 1976년 남문을
중수하고 문루도 건립했다. 종해루 오른쪽으로
동문과 달맞이고개로 향하는 길이 있다.

❷ 동문

멋진 문루를 얹은 남문과 달리 암문(暗門)이다.
벽돌로 무지개처럼 휜 반원형 꼴로 쌓은 홍예(虹蜺)가
문루의 멋을 대신한다. 남문 앞에 대형버스 주차장이
생기기 전까지 삼랑성의 정문 역할을 했다. 동문
안에는 1866년 병인양요 때 이곳에서 프랑스군을
물리친 양헌수 장군의 승전비가 있다.

❸ 정족산사고

벽돌 홍예를 얹은 동문과 달리 장대석으로 쌓은
암문인 북문으로 들어가면 정족산사고가 나온다.
1660년(현종 1)에 정족산성이 완성되고 실록을
성안의 사고로 옮기라는 명령이 내려졌을 때
장사각과 함께 선원각이 세워졌다. 조선왕조실록과
왕실 족보나 의궤 등 정부 문서를 보관했다.
수호사찰은 전등사다.

❹ 조망명소

서문 부근과 남문 사이에 있는 조망명소다.
서문 부근에서는 멀리 강화읍내와 들판, 서해는
물론 서해로 뻗은 마니산까지 한눈에 들어오고,
서문에서 남문으로 내려가는 지점에서는
마니산을 더 가깝게 볼 수 있다.

❺ 전등사

삼랑성 안에 자리한 우리나라에서 현존하는
가장 오래된 사찰이다. 템플스테이는 물론
삼랑성역사문화축제, 게이트볼대회, 현대작가들의
전시회 등 다양한 문화가 펼쳐지는 곳이기도 하다.
대웅보전(보물) 등 국가지정문화재를 다수 보유한
고구려 소수림왕 때 창건한 사찰로서 2023년 5월
4일부터 문화재관람료를 전면 감면,
무료로 참배할 수 있다.

강화도

나를 채우는 섬 인문학

ⓒ불광출판사, 2023

2023년 5월 30일 초판 1쇄 발행

지은이 노승대, 김성환, 강영경, 이경수, 강호선, 주수완, 김경표, 김태식, 김선, 최연주, 윤후명
발행인 박상근(至弘) • 편집인 류지호 • 상무이사 김상기 • 편집이사 양동민
책임편집 최호승 • 편집 김재호, 양민호, 김소영, 하다해 • 디자인 쿠담디자인
제작 김명환 • 마케팅 김대현, 이선호 • 관리 윤정안 • 콘텐츠국 유권준, 정승채
펴낸 곳 불광출판사 (03169) 서울시 종로구 사직로10길 17 인왕빌딩 301호
　　　대표전화 02)420-3200 편집부 02)420-3300 팩시밀리 02)420-3400
　　　출판등록 제300-2009-130호(1979. 10. 10.)

ISBN 979-11-92997-26-1(03910)

값 20,000원